ツイッター警部が明かす
プロモーション術

中の人は駐在さん

中村健児

SE
SHOEISHA

本書内容に関するお問い合わせについて

このたびは翔泳社の書籍をお買い上げいただき、誠にありがとうございます。弊社では、読者の皆様からのお問い合わせに適切に対応させていただくため、以下のガイドラインへのご協力をお願い致しております。下記項目をお読みいただき、手順に従ってお問い合わせください。

●ご質問される前に

弊社Webサイトの「正誤表」をご参照ください。これまでに判明した正誤や追加情報を掲載しています。

正誤表　https://www.shoeisha.co.jp/book/errata/

●ご質問方法

弊社Webサイトの「刊行物Q&A」をご利用ください。

刊行物Q&A　https://www.shoeisha.co.jp/book/qa/

インターネットをご利用でない場合は、FAXまたは郵便にて、下記“翔泳社愛読者サービスセンター”までお問い合わせください。
電話でのご質問は、お受けしておりません。

●回答について

回答は、ご質問いただいた手段によってご返事申し上げます。ご質問の内容によっては、回答に数日ないしはそれ以上の期間を要する場合があります。

●ご質問に際してのご注意

本書の対象を越えるもの、記述個所を特定されないもの、また読者固有の環境に起因するご質問等にはお答えできませんので、予めご了承ください。

●郵便物送付先およびFAX番号

送付先住所　〒160-0006　東京都新宿区舟町５
FAX番号　03-5362-3818
宛先　（株）翔泳社 愛読者サービスセンター

※本書に記載されたURL等は予告なく変更される場合があります。
※本書の出版にあたっては正確な記述につとめましたが、著者や出版社などのいずれも、本書の内容に対してなんらかの保証をするものではなく、内容やサンプルに基づくいかなる運用結果に関してもいっさいの責任を負いません。
※本書に記載された内容はすべて筆者の個人的な見解に基づいたものであり、特定の機関、組織、グループの意見を反映したものではありません。また、本書に掲載されている情報の利用によっていかなる損害が発生したとしても、著者並びに出版社は責任を負いません。
※本書の内容は、2021年6月1日現在の情報に基づいています。

はじめに

本書をお読みいただきありがとうございます。本書を手にとってくださった皆さんは、程度の差こそあれツイッターに関心がある方ではないでしょうか。

ツイッターのインターフェイスが日本語化されたのは２００８年です。それより前から英語版のツイッターを使っていた人もいたようですが、インターフェイスが日本語化されたことで、日本国内での利用者が増えていきました。

私がツイッターを使い始めたのは、インターフェイスが日本語化された翌年の２００９年です。ちょうど勝間和代さんや広瀬香美さんが著名人の中でのアーリーアダプターとして名を馳せていた頃です。ですから、ツイッターとの付き合いはかれこれ12年ほどになります。

私は、**警視庁のツイッター公式アカウントの初代中の人**でした。ですが、警視庁にはツイッター職という専門職はありません。これは警視庁に限らず、どこの組織・会社でも同じでしょう。皆、本来の業務をこなしつつ、片手間で中の人を一所懸命務めています。

もちろん私も本来の担当業務があり、ツイッターはいわば「余計な仕事」としてやっていました(先日会った元上司には「ツイッターしかしていなかった」と言われましたが、何のことか理解できません)。約38年前に警察学校の門をくぐったときには、将来自分が警視庁の看板を背負ってインターネットの海に日々雑談を放流することになろうとは予想できたはずもありません。

私は、1983年3月、高校卒業と同時に警視庁巡査を拝命して警察学校に入校しました。私の出身校は茨城県内でも有数の進学校です。卒業生の進路は、ほぼ例外なく大学進学です。就職する生徒はまずいません。私は「勉強したくない」という理由で大学に進まず、就職の道を選びました。確か、その年の進路一覧にも入れてもらえなかったように記憶しています。存在を消された男です。

警察官になりツイッターを担当するまでの間、いろいろな仕事をしてきました。警察学校を卒業すると、ごく一部の例外を除いては警察署の交番勤務からスタートします。私は三鷹警察署に卒業配置となり、希望に満ちあふれた警察人生の第一歩を踏み出しました。交番勤務から白バイに乗ることができ、毎日がツーリングの日々でした。

その後は、パトカー乗務、機動隊、警護課(いわゆるSP)、警察署で生活経済係(ヤミ金や知的財産権侵害事犯の取締り）を経験して、ハイテク犯罪対策総合センター（現サイバー犯罪対策課）に転勤になりました。そこでは、カカクコムの不正アクセスによる顧客情報流出事件や警察庁キャリアによる不正アクセス事件などを手がけました。

そして、15年の長きにわたり務めた警部補から晴れて警部に昇任させてもらうことができ、都庁派遣を経て犯罪抑止対策本部でツイッターのアカウントを開設することになりました。警視庁が創設されたのは１８７４年（明治7年）です。**創設以来１４７年の歴史の中で警視庁を代表して個人的な発言を許された警察官は、おそらく私が初めてです。**ですから、発言に関するルールも参考にする先例もありません。暗中模索とは、まさにこのような状態のことをいうのだと感じました。

初めは防犯情報を中心に情報を発信しつつ、様子を見ながら安全運転で走り出しました。もともとがコミュニケーションツールであるツイッターで、つまらない防犯情報だけ発信していたのでは関心を持ってもらえないだろうという予想はありました。

そして、その予想は見事に的中します。１週間ほど運用して２００人しかフォロワーがつきませんでした。これではツイッターを使っている意味がありません。ツイッターらしい使い方をしようと考え、それまで誰もやったことがない**「中の人」の個性を出した運用**

を開始させました。
「みかんの汁がズボンに落ちました」から始まり、「ガルパンはいいぞ」で終わるまでの中の人業務は本当にいろいろなことがありました。自分でスクリプトを書いてお手製ｂｏｔを作ったこと、内外（主に内）からの批判でいったんは中の人の発言をやめることになったものの、フォロワーからの声援と要望が組織を動かし、わずか数日で復活できたこと、警視総監室に着ぐるみのキャラクターを突撃させたことなどなど。

この本には、**ツイッターの中の人として学んだことを観念的な理屈ではなく、できるだけ右のような実例を交えて書くように心がけました。**
おそらく読者の中心的な関心事であろう炎上防止策については、各章の中にちりばめられています。なぜ炎上防止策だけで1章設けないのか。それは、炎上防止はテクニックではなく文脈の理解と共感から生まれるものだからです。「策」だけを寄せ集めても、あまり意味がありません。ですから、話の中に見え隠れしている炎上防止の「考え方」を読み取ってください。

本書の読者層は、主にツイッターアカウントの運用に携わる「中の人」を想定しています。ですが、中の人のツイートをグリップする立場にある上司、管理職、さらには経営者がツイッターというメディアをどう理解して、中の人に社内的な承認を与えればいいのかというヒントも数多く盛り込んでいます。

それでは、私と一緒に炎上という砲弾が飛び交う戦場（タイムライン）に繰り出しましょう。

中の人は駐在さん◎目次

第2章 役所こそやわらかく

第4章 反響を読んだキャンペーン 99

第5章 ツイッターについて思うこと

■会員特典データのご案内

本書の読者特典として、「防火マニュアル」をご提供致します。会員特典データは、以下のサイトからダウンロードして入手いただけます。

https://www.shoeisha.co.jp/book/present/9784798170657

●注意

※会員特典データのダウンロードには、SHOEISHA iD（翔泳社が運営する無料の会員制度）への会員登録が必要です。詳しくは、Web サイトをご覧ください。

※会員特典データに関する権利は著者および株式会社翔泳社が所有しています。許可なく配布したり、Web サイトに転載したりすることはできません。

※会員特典データの提供は予告なく終了することがあります。あらかじめご了承ください。

●免責事項

※会員特典データの提供にあたっては正確な記述につとめましたが、著者や出版社などのいずれも、その内容に対してなんらかの保証をするものではなく、内容やサンプルに基づくいかなる運用結果に関してもいっさいの責任を負いません。

第1章

初めてのツイッター

なぜツイッター？

「これはもうダメかもしれない」

弾むように揺れる電車の中で、私は妙に冷静でした。

２０１１年3月11日。

東日本大震災が発災しました。

当時、警視庁から東京都に派遣されていた私は、たまたま所用があって半日の休みをもらい帰宅する途上でした。乗っていた常磐線が三河島駅で停車中、激しい地鳴りとともに足下が大きくぐらつき始めたのです。乗客が慌ててホームに飛び出します。私は、その様子を眺めながら相変わらず車内で揺られ続けていました。

三河島駅は都内荒川区にあるなかなかに古い高架駅です。島式ホームでホームの両側を線路が通る構造になっています。

高架が崩れるとは思いませんでしたが、揺れで電車が横倒しになるのではないかという思いが一瞬頭をよぎりました。ホーム側ではないほうに横倒しになったら落ちるしかありません。幸いなことに電車が横転することもなく揺れは収まりました。体感で震度5以上はあるとわかったので、この先電車は当分動かないだろうと考えました。

車内からホームに出ると、ホームのあちこちにひびが入り、揺れの強さを物語っています。

私はスマートフォンを取り出して地震速報を確かめました。

「震度5強　東京都」

初めて経験する震度5強の揺れでした。警視庁の警察官は、都内で震度5強以上の地震が観測されたときは、命令を待たず自主的に所属する部署に集まらなければなりません。しかし、東京都など部外に派遣されている職員は参集が免除されます。

私は歩いて帰宅することにしました。当時、息子は小学生、娘が保育園に通っていました。誰かが迎えにいかなければなりません。国家公務員の妻は中央官庁街にいて帰宅できないことが明白です。

ツイッターで情報を確かめながら歩いていると、救助要請や火災の発生などが次々と自分のタイムラインに流れてきます。ニュースよりもリアルタイムに情報が流れてくるツイッターが唯一の情報源だったように思います。

情報インフラとしてのツイッターの力を知ったのはあのときです。

「犯罪抑止対策本部勤務を命ずる」

東日本大震災の発災からおおむね1年後、私に異動の内示がありました。

東日本大震災も突然の災害でしたが、内示のあった犯罪抑止対策本部という所属もまったく予想していなかったので驚いたことを覚えています。派遣先の東京都では児童相談所に関わる仕事をしていたので、当然、警視庁に帰任するときは少年警察の分野だろうと思っていたからです。


東京都から警視庁に帰任した私は、犯罪抑止対策本部で警視庁として初めてのツイッター公式アカウントを開設することになるわけですが、東京都に派遣中もツイッターの利用を提案していました。

東京都での私の任務のひとつに児童虐待防止の広報啓発がありました。広報啓発といいながら、私の前任者（警視庁からの派遣者）までは、毎年11月に実施される児童虐待防止推進月間に合わせてシンポジウムを開催するくらいのことしかやっていません。シンポジウムも悪くはないのですが、集まってくるのは児童虐待防止に携わっていたり関心を持っていたりする人ばかりです。すでに高い意識をお持ちの方をより高みに導いても裾野は広がりませんし啓発にもなりません。

裾野を広げるにはどうすればいい？　児童虐待防止は決して楽しいテーマではありません。待っていても人が集まることはないのです。こちらから今まで接触がなかったコミュニティやクラスターに飛び込んでいくしかないわけです。

ところが先立つものがありません。何かやった実績がないので予算もついていませんでした。予算がなければ広告運用や動画を作るなど夢のまた夢。

お金をかけずにできること……。

ツイッターかな。

ツイッターが日本国内向けのサービスを開始した直後から使っていた私は漠然と考えました。特に深い洞察があったわけではなく、「タダで使えるし拡散もするんだから使わないのはもったいない」くらいの理由です。

そこで当時の上司に、「広報にツイッターを使ってみませんか」と提案してみました。結果は玉砕でした。まったく相手にもされず木っ端微塵です。検討しようという姿勢すら示してもらえませんでした。

こうして私のツイッターチャレンジ1回目はスタートラインに着くことすらなく終焉を迎えたのでした。

結局、東京都ではツイッターの導入までこぎつけることなく任期を終えることになりました。それでも「**待っているだけでは誰も話を聞いてくれない**」という思いは種火となって私の中で燃え続けていました。

「何かあったらどうする」との闘い

犯罪抑止対策本部に着任した私は、初めに方面指導という業務を担当しました。

警視庁は、管内を1から10までの方面に分けて管理しています。犯罪抑止対策本部でも10の方面を2つに分けて各警察署の指導担当を決めていました。方面指導という担当が何をやっていたかというと、要は担当方面区内警察署に対して「もっと犯罪を減らしてください」とネジを巻いて回る仕事です。

正直にいいましょう。

この仕事は面白くなかった。もともと人と話すのが苦手な私には苦痛でしかありません。専門医の診断を受ければなにがしの診断名がつくのではないかと自分でも思えるくらい人と関わることが苦手です。特に電話。これはもう恐怖の対象です。仕事ですから鳴った電話はとりますし、普通に話をすることもできます。ですが、電話を1本とるだけで精神的に相当消耗します。

幸いなことに、この担当は数カ月で終わり別の担当に移ることができました。

次の担当は調査分析です。ここは、指定重点犯罪の統計業務と「メールけいしちょう」の管理です。メールけいしちょうというのは、都内で発生した特殊詐欺やひったくりなどの犯罪発生情報、子供や女性に対する声かけ事案といった不審者情報、その他交通情報や各種お知らせなどを発信する警視庁のメール配信システムです。

警視庁では、毎年重点的に抑止すべき犯罪として「指定重点犯罪」を決めています。実際のところ、ここ十数年、都内の刑法犯認知件数は右肩下がりに減り続けています。特殊詐欺を除いては……。

特殊詐欺は、いわゆるオレオレ詐欺や振り込め詐欺、還付金詐欺などの総称です。他の犯罪は減っているのにこれだけは減りません。徐々に減っているように見えますが、まだ高止まりです。これを何とかしなければならない。

警察も手をこまねいているわけではありません。特殊詐欺が振り込め詐欺と呼ばれていた頃、お金をだまし取る手段は被害者をATMに誘導して犯人の口座に振り込ませるものでした。そこで警察が考えたのは「ATM利用限度額引下げ運動」でした。一度のATM操作で利用できる金額を引き下げれば被害を少なくできると考えてのことです。

しかし、これはあまり効果がありませんでした。まず、高齢者に金融機関の窓口まで足を運ばせなければなりません。そもそも自分が特殊詐欺被害に遭うかもしれないという当事者意識を持たない人に行動を起こさせるのはとても難しいです。ましてや、ATMの利用限度額引下げなどという自分に何の利益も生み出さない行動を警察が勧めたところで実行に移す人などほとんどいませんでした。

それでも、警察の懸命の広報によりATMを利用した振り込め詐欺がやりにくくなったのでしょう。次に流行ったのは現金手渡し型のオレオレ詐欺でした。これは、息子や孫といった親族に成りすまして「会社の金を使い込んだ」「交通事故の示談金が必要」などと小芝居を打って高齢者をだまして現金を用意させ、受け子といわれる使い捨ての駒に取りに行かせるものです。

ＡＴＭを利用した振り込め詐欺では、１回の被害額が数十万円から１００万円くらいです。しかし、現金手渡し型のオレオレ詐欺は１件の被害額が振り込め詐欺の比ではありません。多いものでは数千万円の被害も発生しています。こつこつと貯めた老後の蓄えを根こそぎ奪われてしまうのです。

特殊詐欺の被害をなくしたい。

それまでも被害者となり得る高齢者に向けた広報啓発活動は行われていました。新聞の折り込み広告、公共交通機関の中吊り広告、街頭ビジョンなどあらゆるメディアを使った広報を行ってきました。それにもかかわらず被害は減りません。

高齢者に直接訴求することで被害を防ぐのはもう限界なんじゃないか。

私がそう思い始めたのもこの頃です。

高齢者に直接訴求してダメなら誰に訴求すればいい？　犯人が成りすます息子や孫のほ

うから親や祖父母に働きかけてもらえばいいんじゃないだろうか。直接働きかけてもらえないにしても高齢者を取り巻く家族や地域で支えてもらえれば被害を減らせるかもしれない。そう考えました。

そして、そのためのメディアを考えたとき、**真っ先に思い浮かんだのがツイッター**でした。ツイッターの主要なユーザー層と被害防止を訴求したいターゲット層の年齢がおおむね合致しているように思えたからです。

ここで都庁にいたときのことを思い出しました。ツイッター運用の提案を軽くあしらわれたことです。

また同じようになるんじゃないだろうか。だとしたら無駄なことはやめておいたほうが嫌な思いをしなくて済む。そう思って提案することをためらいました。

その頃、警察でツイッターに公式アカウントを開設していたのはほんの数県しかありませんでした。しかも、どこのアカウントも開設はしたものの、ほとんど活用されていないような状況です。もちろん**警視庁では初めてのこと**になります。

役所に関わったことがある人ならおわかりになるでしょう。初めてのことを下からの提案で通す難しさが。役所は行政の一貫性ということで安定を求めます。基本的に変化を嫌うのです。
警視庁として初めてツイッターを使う提案を通すのは困難だろうというのは、実行に移す前から自明でした。

この見込みは一部で正しく、一部で大きく外れました。一部というよりある一定の階級までは、と言い換えたほうがいいかもしれません。

警察官は、採用されるとすぐに警察学校に入ります。そこで地方公務員法に定められている「守秘義務」や「所見公表の制限」という服務規程を徹底的に叩き込まれます。職務上知り得た秘密を漏らすな、勝手なことをしゃべるなということです。外に情報を出すことに対する罪悪感を植え付けられるといっても過言ではないでしょう。

これは決して悪いことではありません。警察という職務の特殊性から当然求められてしかるべきです。そのような教育を受けてきた警察官がツイッターで情報発信することに拒絶反応を示すのはごく自然なことだといえます。

こういった背景があることから、どうせダメだろうと思いながらもおそるおそる上司に提案をしました。やめておいてもよかったのですが、他県で公式アカウントを開いている事実があるのだから警視庁でもできないはずはないと考えての挑戦でした。

まず、「ツイッターとは」というところから説明しなければなりません。その当時は、ツイッターを説明するのに「ミニブログ」という言い方が使われていました。私は、この説明が好きではありません。この説明がツイッターの本質を言い表しているようには思えなかったからです。そうはいっても他に適当な説明も思いつかず、仕方なくミニブログと言い換えることにしました。

犯罪抑止対策本部で私の上司にあたるのは警視である管理官、同じく警視ではあるものの理事官職（所属長級）にある犯罪抑止対策官、そして警察庁でキャリア採用された参事官級である警視長の副本部長、所属長は副総監です。警視（理事官）まではノンキャリアの叩き上げ、警視長（参事官）以上がキャリア官僚になります。

階級構成は次ページのようになっています。

ここには警視長までしか出ていませんが、その上が警視監、警視総監と続きます。

先ほど述べた「予想が当たった階級」は、ノンキャリア組までです。警察学校で叩き込まれた「しゃべるな、情報を出すな」という意識が思考の中に深く根を張り巡らせています。そこに「積極的に情報を出していきましょう」「民間のサービスを使いましょう」という提案が投げ込まれたら、まず出てくるのは拒絶です。

階級など	受験資格（抜粋）	
巡査		警察学校入校と同時に巡査になります。卒業後は、各警察署で勤務します。
巡査長	巡査として Ⅰ類採用者は1年、 Ⅲ類採用者は 4年以上の 勤務実績	勤務を共にする巡査の実務指導にあたります。
巡査部長	巡査部長として Ⅰ類採用者は1年、 Ⅲ類採用者は 3年以上の 勤務実績	警察組織の中で初級幹部となり、警察署では「主任」として部下を持ち、係の担当業務に従事します。
警部補		警察組織の中級幹部であり、警察署では「係長」として係をまとめ、現場責任者として活動し、部下の指導監督の中心となります。
警部	警部補として 4年以上の 勤務実績	警察署では「課長代理」などとして、業務管理の要となり、部下の指揮監督にあたります。
警視	警部として 6年以上の 勤務実績	本部では「課長」「理事官」「管理官」など、警察署では「署長」「副所長」「課長」などとして、所属規模の組織・業務を取りまとめて部下を指揮監督します。
警視正		本部の「部長」「参事官」「方面本部長」のほか、大規模警察署の「署長」などとして、組織の管理・運営にあたります。
警視長		

警察官の階級

出典：令和３年度警視庁採用サイト
https://www.keishicho.metro.tokyo.jp/saiyo/2021/welfare/step.html

積極的に情報を出したがらないことに対しては、非公開情報を出そうというものではない、すでに発生してしまった被害情報や、それらの被害を回避するために必要な知識や行動についての情報を公にすることに害はないと説明することで、ある程度納得してもらえました。納得というより反論する材料がなかったのだと思います。

民間のサービスを使うことに対する拒絶は、インターネットがそもそも民間で敷かれた通信網で、警察でも公式ホームページを開設して公開している事実があることから、ツイッターだけ使わない理由にはならないと説明しました。これも納得はしてもらえませんでしたが、有効な反論も返ってきませんでした。

それでも、やはり「情報を出すことは悪である」という考えは譲れないらしく、提案をつぶすための常套手段を持ち出されました。

「何かあったらどうする」

ツイッターとはどういうものかを説明するとき、リプライやメンションについても話をしました。ツイッターは双方向のコミュニケーションが可能なツールなので、相手から意見が飛んできます。つまり、上司である理事官によれば、

「ツイッターなんか使ったら警察に対する批判や苦情が押し寄せるんじゃないか。そん

なことになって何かあったらどうするんだ」

という危惧でした。

この「何かあったらどうする」というのは、具体的なリスクを特定できないけれども、その提案はつぶしたい、やりたくないときによく使われます。「何か」という漠然としたリスクなので提案側も反論しようがなく、引き下がらざるを得なくなります。

これに対して私は次のように説明しました。

「確かにツイッターを使い始めれば批判や苦情は寄せられると思います。ですが、たとえツイッターを使わなくても警察に対する悪意や嫌悪といった感情は持たれています。影で悪口も言われています。それがツイッターというメディアに乗って私たちの目に見えるようになるだけです。悪意の総量が増えるわけではないのです」

我ながらうまいことを言ったと思いました。この考え方は、今でも変わっていません。

ツイッターのフォロワーは、全員が味方ではありません。運営が失敗をやらかしたら足下をすくってやろうと待ち構えている人もいるはずです。いわゆるクソリプも飛んできます。そういったネガティブな感情も可視化したのがツイッターです。**今まで見えていなかったものが見えるようになっただけなので、それらにいちいちおびえる必要はありません。**

おそらく上司も理屈ではわかってくれたと思います。しかし、そう簡単には引き下がってくれません。

「そうかもしれないが、実際に苦情がきたら対応しなきゃならないだろう。誰が対応するんだ。何かあったらどうするんだ」

何かあったらどうするんだと詰められるとこちらもきついです。何かあると証明することはできませんが、逆に何もないと証明することもできません。何かあることの不証明より何もないことの不証明のほうが、やはり分が悪いです。

「何かあったら私が責任をとります」

「お前なんかに責任がとれるわけないだろう。誰が責任をとると思ってるんだ」

ここまでくるともう議論ではありません。

「わかりました。とにかく参事官に諮《はか》らせてください。それでダメだったら従います」

議論で決着がつかないだろうと思った私は、そのレベルでの意思決定を飛ばすことに可能性を賭けました。

「どうせ無駄だぞ」

上司も半ばやけくそです。

初めての総監室

「入ります」

参事官室の入口で入室を告げます。

「どうぞ」

参事官が笑顔で私を迎え入れ応接セットに向かい合わせで腰を下ろしました。

「振り込め詐欺の被害防止広報にツイッターを使いたいと思います。これまで被害防止の広報啓発は高齢者を対象に行ってきました。ですが、それだけでは期待したほどの効果が上がっていません。そこで、高齢者を取り巻く家族や地域に訴求して高齢者を支えてもらうことも必要だと思います。そのためのツールとしてツイッターを使いたいと思います。ツイッターのユーザーは、年齢層が振り込め詐欺被害に遭う高齢者の息子や孫世代と重なるため、ターゲットとして有望です。しかも、ツイッターは無料で使えます。使わないのはもったいないです」

私は一気にまくし立てました。

「いいんじゃない」

手元の資料から顔を上げた参事官は、いとも簡単なことのように言ってのけました。何かあったらどうするのかという不毛な議論が繰り返されるかもしれないと思っていた私は肩すかしを食らったように感じ、一瞬、言葉に詰まりました。

「これからの時代にマッチしているし、無料ですから使わない手はないです」

なんと言おうか迷っている私に参事官が続けて声を掛けてくれました。

「ありがとうございます」

私は、そう言って頭を下げることしかできませんでした。

「警視庁でツイッターを使っているところはあるんですか？」

「いえ、まだありません」

「そうですか。警視庁として初めてとなると警視総監まで決裁を上げないといけませんね。決裁文書を起案してください」

参事官は、落ち着いた態度で私に下命《かめい》しました。

「はい！　すぐに作ります」

弾んだ声で返事をした私は、参事官室を出るとすぐさま理事官に結果を報告しました。理事官は、まさか参事官が承認するとは思っていなかったのか、少し驚いたような顔をしていました。

理事官に報告を終えて自席に戻った私はあることに気づきました。

「警視総監まで決裁が必要」

参事官に言われたことを思い出したのです。警視庁で警察官をやっていて警視総監の決裁を経験することは、ほとんどないと断言できます。警視総監決裁が必要な仕事に従事することはあっても、警視総監に直接決裁を仰ぐのは管理官以上の職にある者という暗黙のルールが存在し、それ以下の警察官が決裁のために総監室へ入ることは通常あり得ないからです。

当時、私は警部でしたので副総監までは決裁に入ることができました。しかし、その先、つまり警視総監の決裁は上司である管理官にお願いすることになります。私もそのつもりで決裁文書を起案しました。**ツイッターを運用するにあたり外向けに公表するポリシーの案も作りました。**

「あ、そうなんだ。いいね」

副総監は、あっさりと決裁書類に判を押してくれました。本当に私の話を聞いてくれたのか？　と疑問に思うくらい即決でした。後になって気づいたのですが、話を聞いていなかったのではなく、おそろしく理解が早くて私の説明が終わるときにはすべて了解してしまっていたのです。

副総監の決裁が済んだことを参事官に報告しました。すると参事官から、

「総監室には私も入ります。ツイッターのことは中村さんが詳しいと思うので一緒に入ってください」

と言われました。

参事官、管理官に続いて警視総監室に入ります。勝手に入ることはできません。秘書にアポをとり、呼び込みを待って別室に入ります。そして、秘書が総監室のドアを開けて入室者の所属氏名を総監に告げ、総監の許しが出たら部屋に通されます。

「へえー、これが総監室かあ」

物珍しそうに室内を眺めるわけにもいかず、目だけで室内の様子を確かめます。総監室は想像以上に広く、敷き詰められたじゅうたんは足が沈み込むような厚みがありました。警視総監の執務机は卓球ができるのではないかと思うほど大きく、卓上はきれいに整頓されていました。

執務机の横にある打合せ用のテーブルに案内され総監と同じテーブルに着きます。参事官がおおまかな趣旨を説明した後、私にお鉢が回ってきました。警視総監は雲の上の存在で、その人と直接会話をする機会が訪れようとは思ってもいませんでした。緊張で口の中が乾いて仕方ありません。資料に基づいて説明したはずですが、何をしゃべったのかよく

覚えていません。それでも目の前で警視総監が書類に押印してくれたことは、はっきりと覚えています。業務上作成した公文書なので、しかるべき保存をしなければならないのは当然ですが、記念にもらって帰りたいくらいでした。

こうして**警視庁初のツイッターアカウント開設**が決まりました。

ツイッターの利用を認めてもらうのが困難だろうという予想が外れたのは、参事官より上のレベルでの対応でした。参事官より上は警察庁で採用されたキャリアです。考え方が合理的で時代の流れにも敏感なのでしょう。

「何かあったらどうする」といったような質問が発せられることはついぞありませんでした。ツイッターを利用することで得られる効果と考えられるリスクを説明しただけで、瞬時にそれらを考量して決定を下しているようでした。

絶対に炎上は許されない（不本意ながら安全運転）

ツイッターアカウント開設の許可が下り、運用ポリシーも定めていつでもスタートできる態勢が整いました。アカウントのＩＤは@MPD_yokushiとしました。頭に警視庁の英語表記の略称である「ＭＰＤ」を冠することで、後に続く警視庁アカウントが統一性を持たせられるように配慮したものです。

この命名原則は今でも生きており２０２１年5月現在、広報課（@MPD_koho）、警視庁採用センター（@MPD_saiyo）、災害対策課（@MPD_bousai）、警視庁刑事部『公開捜査』（@MPD_keiji）、サイバーセキュリティ対策本部（@MPD_cybersec）、捜査第一課（@MPD_sousa1）、少年育成課（@MPD_ikusei）、交通総務課（@MPD_kotu）といった後続のアカウントにも継承されています。

こうして準備は整ったものの肝心の運用方針が定まりません。発信したい情報は決まっていきます。特殊詐欺（当時は振り込め詐欺）の被害発生状況、それら被害の防止策、ひったくりなどの一般防犯情報が主なものです。

当時は警視庁で唯一のアカウントでしたので、特殊詐欺や防犯のことに限らず、免許更新などの各種手続きに関する情報も発信していこうと考えていました。もちろん守秘義務がありますから、すでにホームページや公の資料で公開されているものに限定して情報提供するつもりでした。

定まらない運用方針とは、こちらから一方的に情報を出すだけにするのか、中の人とユーザーとの間でコミュニケーションを図っていくのか、どちらにするかです。私は、**中の人として積極的にコミュニケーションをとっていきたい**と考えていました。それがツイッター本来の姿だと思っていたからです。

そこに警視総監の一言が壁となって立ちふさがりました。総監室で決裁を受けたとき、許可の条件として「**炎上させないこと**」が示されていたからです。組織のトップとしては当然に考えることです。炎上した場合、最終的に尻拭いをするのは自分だとわかっているわけですから、この条件をつけるのは当たり前です。

炎上させないことを至上とするためには安全運転とならざるを得ません。また、警視庁として初めてのアカウントで失敗してしまったら警視庁内で後に続く部署が出なくなるだけでなく、全国的に「ツイッター運用はやめておこう」という空気が蔓延しかねません。そういった意味でも炎上は絶対にあってはならないことだったのです。

役所のアカウントとしては、従来型の広報スタイルにのっとった運用で何ら問題はありません。警視庁として初めてのアカウントなのでそれなりに注目してもらえるだろうという目算もありました。しかし、いかんせん発信する情報が特殊詐欺や防犯に関することが中心なので面白くありません。面白くないどころか、できれば目にしたくない情報をぐいぐい押しつけられることになるわけです。つまり、情報の内容から想像するとあまり多くのフォロワーがつかないのではないかと予想できました。

そうはいっても炎上回避が至上命令です。ここはまず運用実績を作り、後続に道を開くことが重要だと考え、やや不本意ながら安全運転で走り出すことに決めました。

第1章のまとめ

- 一度の提案失敗で諦めるのはもったいない。次はうまくいくかもしれない(いかなかったらごめんなさい)。
- 組織の中で新しいことを嫌うのは叩き上げ組の管理職が多い。キャリアのレベルまで抜ければ案外同調してもらえることも。
- 組織アカウントのIDは後続のことも考えよう。

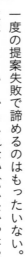

第2章

役所こそやわらかく

事前決裁

予想通り難儀したり、予想が外れてスムーズに話が進んだりした警視庁初アカウントの運用が２０１２年11月にスタートしました。運用は、特にプレスリリースを打つこともなくひっそりと開始されました。

11月に開始したのは、それなりにもっともらしい理由があります。当時、警視庁では11月を「振り込め詐欺根絶月間」として、特殊詐欺を根絶すべく検挙と抑止の両面から強力に対策を推進していました。この月間に合わせ、積極的な広報啓発活動を行うためという名目です。運用開始の決裁時も「取りあえず月間向けの施策としてアカウントを運用する。12月以降も運用を継続するかどうかは再度検討する」としていました。私としては、役所が一度始めたものを簡単にやめないことをよく知っていたので、運用を開始してしまえば11月だけの期間限定で終わらず、12月以降も運用が継続されるだろうという考えがありました。

さて、安全運転でのスタートです。投稿するツイートの原稿も**すべて事前に理事官まで**

の決裁を受けることになりました。これがなかなか面倒な作業で、予想以上に手間がかかります。原稿用紙に書式設定したワープロで原稿を作成して文字数を確認します。それをプリントアウトして上司の決裁を仰ぐのです。

前述のように、警視庁は、「メールけいしちょう」というメール配信サービスを提供しています。現職の警察官の中に、なぜかこれを「警視庁メール」と呼び、何度『メールけいしちょう』です」と訂正しても直してくれない人がいました。最初に記憶した名前がいつまでも残り、なかなか訂正されないことがよくあります。その類いのものだったのでしょう。

思い込みで思い出したことがあります。私が警察学校を卒業して最初に配置となった警察署で勤務していた当時のことです。無線通話では、聞き間違いによる誤伝達を防ぐためひらがなやアルファベットを説明する「通話表」というものが法令で定められています。たとえば、ひらがなの「あ」であれば「朝日のあ」というように、一般的に通用する聞き間違いが少ない単語の最初の文字で説明する仕組みです。私(当時、巡査)の上司であった巡査部長が無線で「ろ」を和文通話表により説明しようとしました。私は、その巡査部長のすぐ横で通話を聞いていました。

「いろはの『ろ』」

無線と肉声の両方で不思議な和文通話表が聞こえました。普通、「いろは」は「い」の説明です。「ろ」は「ローマのろ」です。

「了解」

通話の相手側から了解が返ってきましたので、これで通じてしまったようです。

この「思い込み」が特殊詐欺にだまされる根源でもあるわけで、ガチガチに編み込まれた思い込みという織物の繊維を1本ずつでもほぐしていくためのツールがメールけいしちょうです。極力リアルタイムで犯罪の発生状況をお知らせして、緊張感を持ってもらうことで犯罪被害に遭わないようにしてほしいという願いを込めたサービスです。

メールけいしちょうは、警視庁管内の各警察署が自所属管内で認知した犯罪被害や特殊詐欺犯人からの電話、いわゆる「アポ電」の入電状況を配信するメーリングリストです。犯罪抑止対策本部のツイッターには、メールけいしちょうで配信された情報も転載していました。ただ、これも配信されたメールを見て、それを手作業で140字以内に収まるように編集したものに上司の決裁を受けるという三度手間をかけていました。非常に効率の悪い事務処理を行っていたわけです。

お手製ｂｏｔとの格闘

ツイッターに投稿する原稿の事前決裁は致し方ないと思っていました。警視庁の名を冠して情報を発信するわけですから、組織としての意思決定を求めるのは当然です。

しかし、ツイッターは**リアルタイム性が特徴で、情報の新鮮さが他のソーシャルメディアと比較して勝っている点**だと考えていた私は、事前決裁のために情報の鮮度が落ちていくのに耐えられませんでした。決裁ラインの上司が常にデスクに着いているとは限りません。席を外しているときもあれば外出しているときもあります。そうなると決裁が滞ります。決裁が滞ればツイッターに情報を出すこともできなくなってしまいます。そうこうしているうちに情報の鮮度はどんどん落ちていきます。ようやく決裁が終わった頃には、もう誰も見向きもしない腐臭を放つような情報になっていることも少なくありません。

もう少し情報の鮮度を上げたい。メールけいしちょうは、それを出す警察署ですでに決裁を受けています。その上で公になっている情報なのでそれをツイッターに転載するのに決裁を受けていたのではオーバーヘッドになる。そう考えました。

ここで考えられる解決策は3つです。

1つ目は、**メールけいしちょうのシステムを改修して、メール配信したものを自動的にツイッターにも投稿できるようにすること**です。

2つ目は、**手作業で解決を目指す**という力業です。配信されたメールの文面を見て、それを140字以内に収まるよう編集します。

3つ目は、**メールを受信して自動的に成形と文字数の調整を行えるシステムを自力で作ってしまうこと**です。

さて、それぞれの可能性を検討します。

まず1つ目。既存システムの改修は予算がないことから即座に消去できました。犯罪抑止対策本部に着任して初めて知ったことなのですが、メールけいしちょうのシステムが実はとんでもない金食い虫でした。メールを配信するだけの業務のために専用のパソコンを全所属に1台ないし2台配備して、警視庁のWAN(広域通信網)でサーバーと接続します。これだけの機器をリースで借り受ける経費もばかになりません。

さらに、WANからインターネット側に出るところにファイアウォールを設置していましたが、これが異常に高額でした。繰り返しになりますが、メールを配信するだけのシステムです。それに対してリース料や保守費用で年間数千万円の経費がかかっていました。このシステムを改修するとなったらどれだけの予算が必要になるかわかりません。システムの改修により対応する案は即座に消えました。

若干の自慢話になりますが、私は後にこのシステムをクラウド化してリース料を消滅させるとともに、年間の保守費用も格段に安くして犯罪抑止対策本部を去りました。

警視庁のシステムとしてクラウドを利用したのは、これが初めてのケースです。警視庁で初めてクラウドを導入した上、システムのリプレイスで年間数千万円単位の予算を節約することに成功したわけですが、誰にもほめてもらえませんでした。読者の皆さんにほめてもらえたら現職時の無念が晴れます。どうかほめてください。

次に2つ目の可能性です。こちらは、ひたすら手作業で頑張ります。とにかく人力で頑張る。

メールは平日だけではなく、閉庁日や夜間でも配信されます。つまり、これをやるには24時間365日の対応が必要になります。ツイッターの担当は私一人です。一人で担当するとなると週の労働時間が168時間にも及び、「労働基準法？　何それおいしいの？」という状態になります。だからといって、このために人を増やしてほしいと具申しても一笑に付されるのが関の山です。そういった理由から、この案もほぼ検討することなく棄却できました。

最後に残された3つ目の可能性を検討します。

ここまで2つの可能性を検討したようなことを書いてきました。ですが、実際は**この3つ目の可能性でいくことを最初から決めていました**。決めていたというより、これ以外に実現できる可能性が考えられなかったからです。

だからといって、1つの案だけを提示して「これでやりたいです」と言ってもなかなか納得してもらえません。複数の案を示して、それぞれのメリット・デメリットを比較した結果、この案が最も優れていますよ、さあどの案をお選びになりますか？　と話を向けて、上司に判断を行わせるほうがスムーズに進みます。1つだけの案だと、承認か不承認かという二値変数での判断になってしまいます。上司としては承認することにより責任を負うより、不承認でつぶしてしまったほうがリスクを避けられます。ですから、二値変数で判断を求めた場合、不承認側に振れる可能性が高くなり起案者にとって不利です。

結果、期待通りに第三案が採用となりました。お金もかからず、いったんシステムを作ってしまえばそれほど人手も必要ないわけですから当然といえば当然です。

さて、意思決定はとったものの、肝心のシステム構成が真っ白です。「何とかなるんじゃないか」くらいのノリで決裁をとってしまったものの、具体的なシステム構成は考えていませんでした。ただ、いまさら「できません」とも言えないのでどうにかするしかありません。

結果、どうにかなりました。

セキュリティポリシーの関係で自由な開発ができない環境でしたので、既存のものを使って取りあえず動くものを作りました。使ったものはOutlookのＶＢＡとタスクスケジューラーです。ＶＢＡとは、マイクロソフトのオフィス製品に含まれるアプリの拡張機能で、利用者が簡易なプログラムを記述して実行することでさまざまな処理の自動化などを行うことができるもののことです。要は簡単なプログラミング言語です。**基本的にＶＢＡでメール受信からツイッターへの投稿までを行うようにしました。**

まず、メールけいしちょうで発信された情報からツイッターに投稿したいものを選別します。次に、そのメール本文から不要な情報をそぎ落とし、１４０字を超えるときは複数のツイートに分割して投稿するようにしました。具体的に何をどうしたのかは、この本のテーマから外れてしまいますので省略します。

タスクスケジューラーを何に使ったのかというと**プロセスの死活監視**です。警察でインターネットにつながるパソコンは、ほんのわずかしか配備されていません。当然、ツイッター専用にパソコンを配備してもらうことなど夢のまた夢。メールを受信して自動的にツイッターに投稿するにはパソコンが常時起動した状態で、なおかつOutlookが立ち上がっていなければなりません。

「シャットダウン禁止！ Outlook終了禁止！」と貼り紙をすることにしました。これで不用意にシャットダウンなどをする人はいなくなるだろうと思ったからです。

ところが現実は甘くありませんでした。ある日の夜、それまでコンスタントにツイートされていたメールけいしちょうからの転載記事がぱたりと投稿されなくなりました。原因は、パソコンがシャットダウンされたか、Outlookが終了されたかのどちらかだろうと推測できました。夜でしたので、翌日の朝出勤してから対応すればいいかという思いが頭をよぎりました。確かに人命に関わる情報ではありませんから、なにも夜中に出勤して対応する必要もないわけです。

「すぐ対応したほうがいい」

「明日でいいよ」

この2つが頭の中を行ったり来たりします。情報の内容そのものは本当にたいしたものではなく、翌日に対応すれば十分だという結論は出ています。何を迷ったのかというと、自分で作ったシステムが正常に動作しない状態に陥っているのを翌日まで放置していいのか、でした。風邪をひいて熱を出した子供を抱える親のような心境です。

結局、熱を出した子供を翌朝まで放置することはできませんでした。警視庁は、原則として自動車通勤は禁じられていますが、夜間ということもあり〝致し方なく〟自家用車で警視庁に向かいました。さすがに警視庁の駐車場に停めるわけにはいきませんでしたので、近くにある日比谷公園の駐車場に車を停めて、そこから警視庁まで歩いて行きました。

事務室に入り、インターネットにつながっているパソコンを開くと、起動した状態ではありました。ただ、Outlookが終了されていました。そのためメールの受信とツイッターへの投稿ができなくなっていたのでした。おそらくどなたかがメールの送受信を行った後、親切にOutlookを終了してくれたのでしょう。

きっとこれからも同じようなことは起こるだろうと予測できました。「終了させるな」と書いてあっても読んでいないのです。

では、どうしたらいい？　**自衛するしかありません。**Outlookが終了されることを前提にした対応を考える必要がありました。

私がとった策は、プロセスの死活を監視して、もしプロセスが落ちていたら再起動させるｂａｔファイルを書き、それをタスクスケジューラーで定期的に実行させるというものです。これを実装してからは、Outlookを終了させてもゾンビのように復活するシステムになりました。

なければ作ればいいとはいいますが、作ったら作ったで保守作業も自分でやらなければなりません。予算がない中で新規事業を行う悲哀とでもいえましょう。

１週間でフォロワー２００人

話が若干前後します。

２０１２年11月１日に警視庁初のツイッターアカウントが始動しました。「鳴り物入り」でスタートしたかったのですが、残念ながらプレスリリースもなくひっそりと産声を上げました。

それでも警視庁で初めての試みです。何とか盛り上げたいと意気込んでいたのを覚えています。

振り込め詐欺撲滅月間の広報啓発用という触れ込みで運用を開始しましたから、振り込め詐欺に関する情報を流さなければなりません。お手製ｂｏｔで情報は出ていますが、それだけではメールけいしちょうと変わりません。せっかく速報性の高いメディアを使うのですから、できるだけ新鮮な情報を発信したいと思いました。

メールけいしちょうでは、被害発生状況や振り込め詐欺犯からの電話が掛かってきている情報などが流れます。しかし、検挙情報がほとんど流れていませんでした。本当は、毎日何件も現金手渡しの現場で犯人を逮捕していました。それだけでなく、金融機関の窓口で現金を引き出しにきた高齢者の態度を不審に感じた職員の機転で、被害を未然に防いでもいます。

金融機関だけではありません。タクシードライバーや警備員、コンビニエンスストアの店員など、町の中であらゆる職種の方が被害防止に協力してくれています。**こうした事例を紹介して謝意を表したり、声掛けのヒントにしたりしてもらおうと思いました。**

前日の被害発生状況、犯人検挙状況、被害の未然防止事例などを提供することにしましたので、情報としてはそれなりに豊富になったと思っていました。

フォロワー数の目標は定めていませんでしたが、警視庁というネームバリューもありますし、発信する情報もそろえています。1カ月で1万フォロワーくらいはいけるのではないかと考えていました。どんな反響が返ってくるだろうか。話題になって爆発的にフォロワーが増えるに違いないと何の根拠もなくワクワクして運用をスタートさせたのです。

ところが現実はそんなに甘くありませんでした。まったく反応がないのです。フォロワーも増えません。山に向かって声を出せばこだまが返ってきますが、広い海に向かって叫んだところで波の音にかき消されるだけです。

個人アカウントであれば独り言をつぶやいていても一向に構いません。ところが、役所の公式アカウントの場合、そういうわけにもいきません。広報効果を上げなければ、運用している意味がないのです。2日、3日と経過していくうちに、私の中に焦りが生まれてきました。毎日情報発信に力を注いでもほとんど、いえ、まったくといっていいくらいに反応がありません。

ネームバリューに甘えていたことが間違いだと気づくのに時間は要しませんでした。運用開始から1週間が経過してもフォロワーは200人たらずのありさまです。これではツイッターの運用を提案したときに「効果絶大です」と言った私が大ホラ吹きになってしまいます。

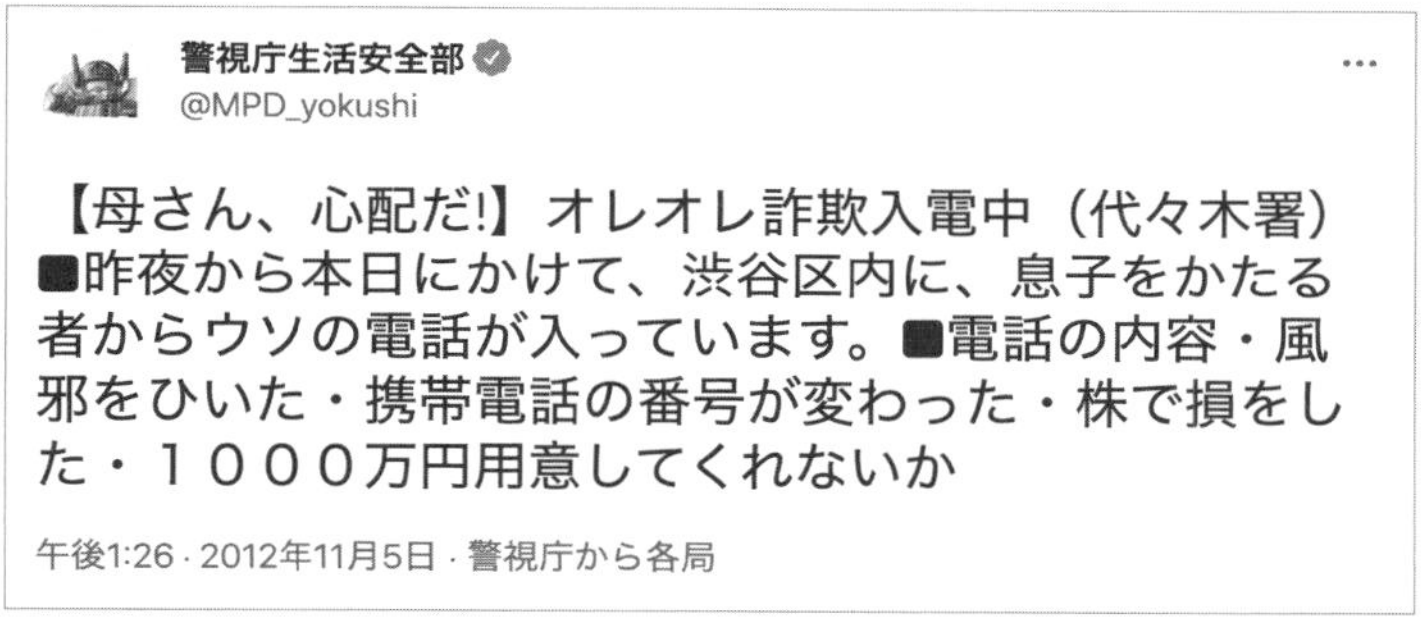
警視庁生活安全部
@MPD_yokushi
【母さん、心配だ!】オレオレ詐欺入電中（代々木署）■昨夜から本日にかけて、渋谷区内に、息子をかたる者からウソの電話が入っています。■電話の内容・風邪をひいた・携帯電話の番号が変わった・株で損をした・１０００万円用意してくれないか
午後1:26 · 2012年11月5日 · 警視庁から各局

無味乾燥な情報がだらだらと続くアカウントは逆効果
出典：https://twitter.com/MPD_yokushi/status/265309132821786624

免責条項だらけでは

反響がない原因は明らかでした。

まず、**警察が発信する事件発生情報や防犯情報は、基本的に面白くないもの**です。

たとえば、上のようなツイートがだらだらと続くアカウントを見たいと思う人は少ないでしょう。面白くないだけでなく、できれば目にしたくないのが正直なところです。

これは、ツイッターに限ったことではありません。

普段、防犯に関するキャンペーンやセミナーのようなものを開催しても、集まってくる顔ぶれはほとんど変わりません。毎度、同じような人が集まることになります。警察のPR不足という面もありますが、もともと防犯などに対して意識の高い人でもなければ、警察主催のイベントに足を運ぼうとは思わないものです。

なぜ警察の広報が市民に響かないのか。その原因は**「無謬性《むびゅうせい》へのこだわり」**です。言い換えれば「間違えることへの恐れ」です。このことを理解するためには、ソーシャルメディアがもたらしたコミュニケーションの変化を知る必要があります。

ソーシャルメディアが登場する前は、マスメディアが情報を独占していました。マスメディアの前で個人は無力な受け手でしかなかったのです。

ところが、ソーシャルメディアが登場したことで状況は一変しました。ソーシャルメディアは、マスメディアによって与えられる情報の洪水から人々をすくい上げました。人々は、ソーシャルメディアにより「知っておくべき情報」を取捨選択できるようになったのです。個人が情報のフィルターを持ったといってもいいかもしれません。

このフィルターは抽出機能だけではありません。共感できる情報、逆に反感を抱く情報を拡散させる機能も持っています。この拡散という機能がソーシャルメディアの特徴でもあり、クチコミや共感の形成に重要な役割を果たします。

ソーシャルメディアの世界では、**私たちがマーケティングの教科書で学んだような「4P」がほとんど役に立ちません。**消費者は、自分たちのニーズを満たす製品やサービスだけでなく、自分たちの心を感動させる経験やビジネスモデルを求めているといっていいでしょう。

このように、個人の情報ソースがマスメディアからソーシャルメディアへと変化したことに応じて、**そこに発信される情報の質も変容しなければなりません**。従来の企業や役所の広報は免責条項にあふれ、あいまいでいかに瑕疵《かし》を作らないか、つまり揚げ足をとられないかという無謬性に重点が置かれていました。それらは「企業語」あるいは「官庁用語」と呼ばれ、もはや一般用語から乖離《かいり》した人間性すら失われたものでした。

役所の広報のように、注意深く練り上げられた専門的な雰囲気が高まると、本当のコミュニケーションのように感じられなくなるといわれています。ソーシャルメディア上で行う企業やブランドのコミュニケーションは、より正直で、現実的で、私的な言葉や雰囲気のあるコミュニケーション環境へと変えていく必要があります。堅苦しくて古臭いプレスリリースやロボットのようなコピーは、響かなくなっています。

ソーシャルメディアの利用者は、役所や報道機関のように、執拗《しつよう》に情報の完全性を求めないように思います。

ただし、これには前提があります。それは、**企業などの公式アカウントが普段から素晴らしい商品やサービス、真摯で誠実な態度、迅速な対応、そして自分たちと同じ目線で考え行動していると認めている場合**です。

このような関係性ができて初めて、人は間違いを犯すものであるという前提でのコミュニケーションが成り立ちます。ソーシャルメディアの世界では、このような「個人の基準」によりクチコミが形成され、拡散されていきます。

このようなソーシャルメディアの特性を無視して、従来型の免責条項にあふれた情報をいくら大量に発信しても、ソーシャルメディアという町の住民に響かないのは当然でした。

SNSはイベントだ

私は、イベント総合研究所（正式名称：一般社団法人日本イベント協会イベント総合研究所）の上級研究員という肩書をいただいています。日本イベント協会はイベントを単なるお祭りではなく、何らかの目的を達成するための手段として開催される直接的なコミュニケーションメディアであるととらえ、その質的向上と活動領域の拡大に努めることを目的とした団体です。その附属機関としてイベント総合研究所が置かれています。

なぜ警察官であった私がこの上級研究員になっているのか。その経緯をご説明します。

私が東京都に派遣されていたとき、児童虐待防止の広報啓発を担当していたことはすでにお話をしました。

毎年11月に実施される児童虐待防止推進月間に合わせて、東京都でも何かしらのイベントを行っていました。とはいうものの、毎年行われていたのはセミナーや講演会のようなものばかりでした。これですと、もともと児童虐待に意識のある人しか集まりません。そういう人たちは、ピラミッド型の構成でいえば頂点に近いところにいます。そういった人たちをより一層ブラッシュアップしても裾野への広がりはあまり期待できません。

毎年同じことをやり、ただ待っていても裾野は広がってくれません。普段、児童虐待に関心がなさそうな層にこちらから飛び込んでいけば少しは効果が上がるかもしれないと考え、今までにないことをやろうと決めました。何をやるかはすでに腹案がありました。

全国には、地域で活動する「ローカルヒーロー」と呼ばれるチームや個人が多数存在します。いわゆる戦隊ヒーローのようなコスチュームをまとい、地域でショーを演じたり中にはテレビに出演したりするような団体もあります。なぜローカルヒーローに目をつけたのかというと、彼らが普段交流する対象の多くは子供たちだからです。中には大きなお友達と呼ばれるファンも存在しているようですが、やはり中心となるのは子供です。つまり、彼らは基本的に子供が好きで、子供の笑顔が大好きなのです。そんな彼らこそ児童虐待防止のメッセンジャーに最適だと考えました。これらの団体を全国から呼び集め、児童虐待防止をテーマにしたショーを演じてもらおうという企画です。

やることは決まっていましたが、肝心の場所が決まっていません。当初は都内のショッピングモールに設置されているイベントスペースを借りようと考えていました。ショッピングモールなら子供連れのお客さんが多く、ヒーローショーを上演すれば必ず足を止めてもらえると思ったからです。ところが、まず大手ショッピングモールはスペースを借りる料金が高く、とても予算の範囲内では無理なことがわかりました。子供連れという直接的な訴求対象がダメなら、ほとんど関係していないだろうと思える層をターゲットにしてしまおうと考えました。裾野を広げるなら普段関わりのなさそうなところを攻めるのも悪くありません。

私が選んだ場所は秋葉原です。アニメやゲームといった、いわゆるオタクカルチャーの発信地であり、児童虐待とはほとほと縁遠い層をあえてターゲットに設定しました。縁遠いといっても無縁ではありません。秋葉原に集う人々も社会の中で生活をしています。地域の中で生活しているわけですから、身の回りに子供がいるだろうと考えられます。彼らが、地域の中で暮らす子供のちょっとした変化に気づき、そして直接でなくてもいい、何らかのアクションを起こしてくれれば子育てに悩んでいる親とその子供が救われるかもしれません。

実は、この考えに至ったのは背景があります。目白大学でイベント学の特任教授として教鞭をとっている岡星竜美先生の著書で『キラリ 開眼物語』（文芸社）という本があります。この本の中に「企画」の考え方について触れられている箇所があります。

「型にはまったよくある『規画』」

提案された側に何ひとつ新鮮な驚きがないものは企画ではない、と。

本当の企画というのは、提案された人が「そう来ましたか！」と驚く「奇画」、「そこまでやりますか！」と愕然《がくぜん》とする「鬼画」、「そんなことやっていいんですか」とビビる「危画」をいうのだと記されています。

私がツイッターの運用で行ってきた各種企画の根底にもこの「奇画」「鬼画」「危画」があります。

ローカルヒーローによる児童虐待防止をテーマにしたショーの様子

そういった背景を持ちながら秋葉原でのイベントを企画しました。会場に選んだのはＪＲ秋葉原駅前にあるＵＤＸビルの広場です。そこに福島県から福岡県に至るまでローカルヒーローを集めてショーを演じてもらいました。ショーは、児童虐待をテーマにしてもらいましたが、ストレートに表現するとあまりにも重いものになってしまいます。児童虐待防止をテーマにしつつも、観客が楽しめるシナリオにしてほしいと二律背反なお願いをしました。そんな無茶振りにもかかわらず、彼らは素晴らしいショーを演じきってくれました。

このイベントで自慢できることは、一人で企画を立て、ヒーロー団体との出演交渉を行い、実施計画を策定し、舞台設営業者との契約と打合せを行い、当日、出演団体を受け入れ、現場責任者として行事進行全般を仕切ったことです。人手と予算が足りなかったのでやむなくとった無謀な対応でしたが、出演団体や当日のスタッフに支えられて無事にイベントを終えることができました。

これがイベント総合研究所の目にとまることとなり、研究所が発行している査読付き論文集への寄稿を依頼されました。これが縁でその後、都合4本の論文を寄稿しました。この実績で上級研究員に認定されたわけです。

論文を執筆する過程でイベントについてあれこれと調べた結果、ツイッターをはじめとするSNSは、イベント協会が「何らかの目的を達成するための手段として開催される直接的なコミュニケーションメディアである」とするイベントの定義に当てはまりそうだと考えるようになりました。イベント会場で独り言をつぶやいているだけではコミュニケーションは成立しません。積極的に交流を図っていくことにしました。

ギリギリのところで何ができるか

積極的に交流を図ろうと決めたものの、2012年当時はSNSを利用して市民と積極的に交流を図った役所の存在を知りませんでした。1つのアカウントを除いては。

その例外アカウントとは、**自衛隊宮城地方協力本部**です。このアカウントは「サト吉」という中の人が大暴れしていることで有名でした。サト吉さんとは、後にリアルでもお付き合いをするようになり、現在でも親交があります。彼のツイートは、とても自衛官とは思えない型破りの言いたい放題なものでしたが、どこか憎めないところがあり不思議と炎上することもありませんでした。

あのテイストを真似することは無理です。無理というより、すでに誰かがやっている運用スタイルを真似しても、それがウケるとは限りません。その運用スタイルは、担当している中の人に属しているものだからです。

これから新しく中の人になる人は、数多くの先輩が作り上げた運用スタイルを参考にすると思います。ただし、**真似をするのは避けましょう**。真似をしているのはすぐに見抜か

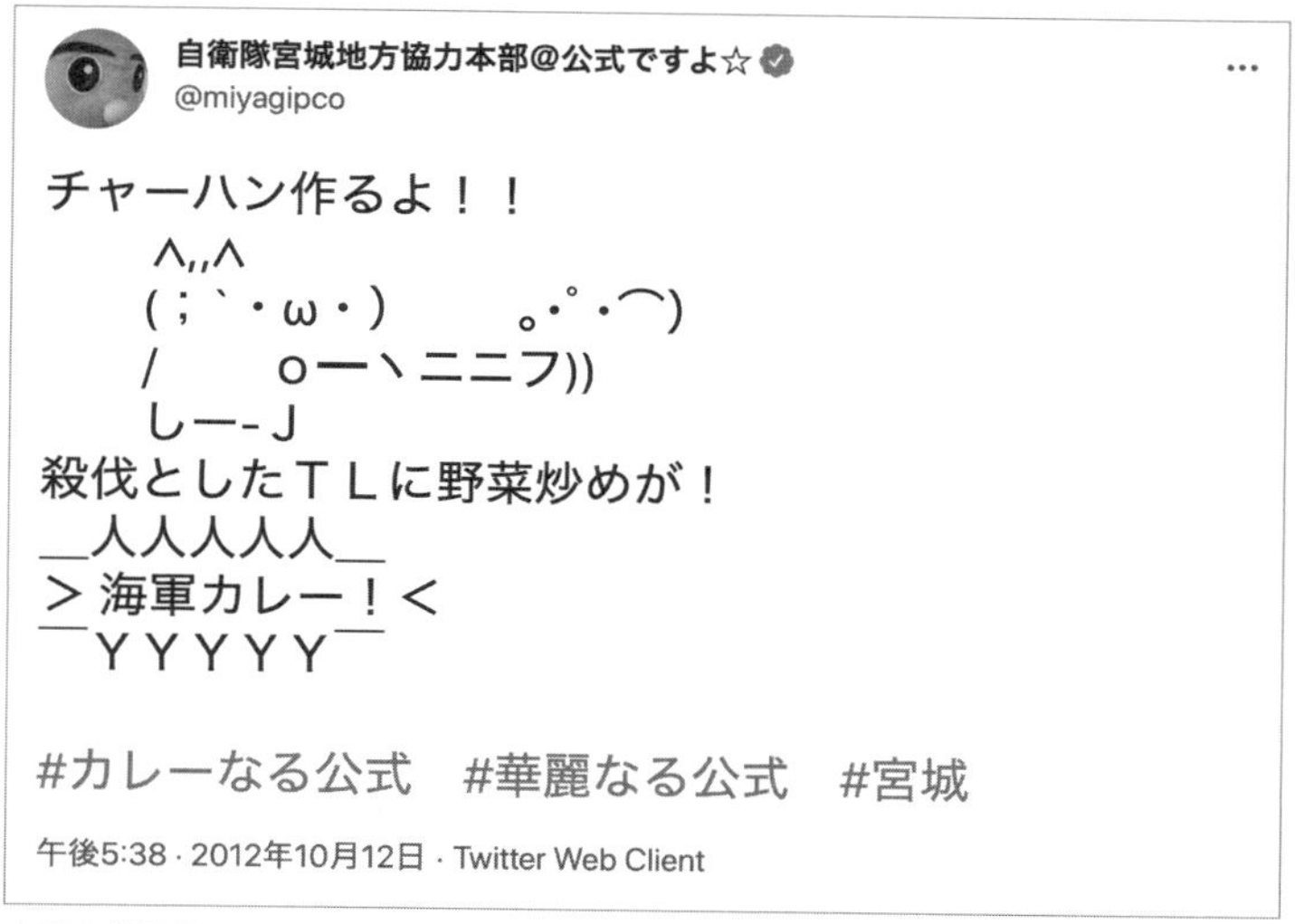
自衛隊宮城地方協力本部@公式ですよ☆
@miyagipco

チャーハン作るよ！！
　　^,,^
　　(；`・ω・)　　。・゜・⌒)
　　/　　o━ヽニニフ))
　　しー-J
殺伐としたＴＬに野菜炒めが！
＿人人人人人＿
＞海軍カレー！＜
￣ＹＹＹＹＹ￣

#カレーなる公式　#華麗なる公式　#宮城

午後5:38 · 2012年10月12日 · Twitter Web Client

市民と積極的に交流を図った公的アカウントの元祖・自衛隊宮城地方協力本部
出典：https://twitter.com/miyagipco/status/256675125020196865

れます。独自の運用スタイルを模索しましょう。

変態といってもいいような一アカウントを除いて、ほとんどのアカウントが従来の広報スタイルでの運用が行われている中で、警視庁のアカウントが掟破りの運用に踏み切っていいものだろうか。炎上して火だるまになるのではないか、炎上したらどう責任をとるか、やはりここは従来型の堅実な運用を続けるべきなのではないか……。そんな弱気な考えに支配されることなく二の足を踏むほど深く考えもせず、行動に移していました。

「さすがに1週間でフォロワー200人はまずいです。発信している情報が都民にとって興味深いものではないのですから、何とかしてアカウントに興味を持ってもらわなければ見てもらえません。発信内容に私のつぶやきもまぜていくことにしたいと思います」

こう上司に告げて、ほぼ無理矢理中の人のつぶやきを入れることを了承してもらいました。おそらく上司は、何が何だかわからないまま「まあ確かに面白くはないからな」といった感じで同意してしまったのではないかと思っています。

半ばだまし討ちのような形で了承を取り付けたはいいものの、実際、中の人として何を発言していったらいいのか、具体的な案があったわけではありません。

それでも「何とかなるだろう」という根拠のない自信がありました。新しいことを始めようとするときには、**根拠のない自信が必要**です。なにしろ未経験のことをやろうというのです。明確な自信がなくて当たり前です。そこで根拠のない自信を発揮できるかどうかが新しいことに飛び込める人と足を止めてしまう人の違いになって現れます。

警察の公式アカウントが個人的なことをしゃべり出したらどのような反応が返ってくるのか予想できません。どこまでゆるくするのが許されるのか、基準もなければ参考になる事例もありません。何をつぶやくにしても限界を探りながらギリギリの運用を続けることになりそうです。

「みかんの汁がズボンに落ちました…」でフォロワー数急増

中の人のつぶやきを入れることにしたわけですが、どれくらいの頻度でどのような発言をしたらいいのか見当もつきません。私は基本的にへそ曲がりなので見当がつかないこと、前例がないこと、マニュアルにない想定外のことに対応するのが大好きです。逆にいうと、マニュアル通りの型にはまった仕事だとまったくやる気が出ません。毎日決まってやらなければならない作業や月例の報告ものといった仕事が本当に苦手です。

最初のツイートは何を言ってやろう。どうすればインパクトのあるツイートができるだろうと考えていました。ただ、反響を狙いすぎると炎上につながります。そこそこインパクトがあって炎上しない線を狙いたいものです。

まずは自己紹介からです。２０１２年11月11日、中の人として初めてのツイートを投稿しました。

中の人宣言とでもいいましょうか。このときはまだ自分の呼称、つまり一人称も定まっていません。中身も当たり障りのない自己紹介でとりたてて面白いことはいっていません。

警視庁生活安全部
@MPD_yokushi

警視庁犯罪抑止対策本部Twitter担当Nです。当アカウントは半自動により情報をお届けしておりますが「つぶやきがつまらない」と上司からお叱りを受けました。警察の公式で面白いつぶやきというのもいかがなものかと思いますが、今後は本職のつぶやきも交えてお届けいたします。

午前10:13 · 2012年11月11日 · 警視庁から各局

中の人としてツイートした中の人宣言

出典：https://twitter.com/MPD_yokushi/status/267434902432141312

ところが、このツイートが4千以上のリツイート（以下「RT」といいます）を獲得してしまったのです。これには私のみならず同僚、上司も一様に驚き、どんどん増えるRT数とフォロワー数を見ながら何が起こったのか理解しようとしました。今でこそ4千RT程度では誰も驚かなくなっていますが、その当時の4千RTというのは「バズり」といっていいレベルだったのです。

私は、このバズりに気をよくして調子に乗ると炎上するぞと自分に言い聞かせて気持ちを落ち着かせました。そもそもこのツイートがバズったのは、役所のアカウントが自分の言葉でしゃべったことが珍しかったからで、その内容や着眼点が面白かったわけではないのですから。

「そうそう気の利いたツイートなんてできるもん

じゃないよなあ」

私はバズりの余韻を引きずりつつ、お昼休みに弁当を食べながら次のツイートをどうするか考えていました。２０１３年11月13日のことです。もともと早食いの私は、正午から弁当を食べ始めても12時５分過ぎには食べ終わっています。その後は一緒に持たされたお菓子や果物などをいただくのが日課になっています。その日もさっさと弁当を食べ終わり、食後のみかんに取りかかりました。

そのとき神が降りてきたのです。

実際に降りてきたのはみかんの汁だったわけですが、私には神となりました。

私は、どうにもこうにもみかんの皮をむくのが下手くそなようです。昔からみかんは大好きで、警察学校に入校するときの身体検査のとき、私の手を見た医師が何も聞かずに「みかんの食べ過ぎ！」と言い切ったくらいです。それなのに皮をむくことが一向に上達しません。私のみかんのむき方は、まずヘタの反対側に親指で穴を開けます。そこからヘタのほうに向かって皮をむいていきます。たいていは何事もなく皮がむけるのですが、しばしば親指を突っ込んだときに中の房を破ってしまい、じゅわっと果汁があふれてきます。ひどいときは、あらぬ方向に汁が飛んでいくこともあります。

その日はどうでしょう。

みかんのお尻(というのでしょうか)に親指を突き刺した瞬間、指先に果汁がまとわりつくのを感じました。ただ、それほど量が多くないように思えたので、そのまま続けることにしました。そこが敗因というか勝因というか、いずれにせよ神を呼び寄せる原因となったのです。

皮を房から剝がし進めていると、お尻の部分で破けた房から果汁があふれてきました。

「あっ、危ない!」

と思う間もなく、果汁はみかんの表面を伝って自由落下運動を展開しました。

果たしてみかんの果汁は高島屋でオーダーしたスーツのトラウザーズにぽとりと落ちて丸い水滴を形成しました。トラウザーズの生地に多少撥水性があったようで、すぐにはしみ込むことなく水滴を保持してくれました。急いでティッシュを取り出してトラウザーズの上で丸く輝いている果汁を拭き取りました。拭き取り方がよくなかったのか、少しトラウザーズにしみ込んでしまったようです。

「クリーニングかよ」

と思いながら私はインターネットにつながっているパソコンのキーボードに手を乗せていました。

警視庁生活安全部
@MPD_yokushi
(みかんの汁がズボンに落ちました…)
午後0:25 · 2012年11月13日 · 警視庁から各局

フォロワー数急増につながったツイート

出典：https://twitter.com/MPD_yokushi/status/268192739580051457

「みかんの汁がズボンに落ちました…」

反射的にツイートを投稿しました。

このツイートは300RT程度でしたが、フォロワーが一気に増えるきっかけになりました。2日後くらいにはフォロワーが1万を超えていたのです。さすがにこれには驚きました。

みかんの汁がこぼれたことでアカウントに勢いがつき、その後の各種企画やキャンペーンなどにつながっていきました。みかんには足を向けて寝られません。

うっかり体験やお茶請け

みかん様のおかげでフォロワーが急増してしばらく経った頃、デスク上の電話が鳴りました。警視庁の内線電話は、警察電話といわれる専用回線からの着信と、交換台を経由した一般回線からの着信とでは着信音が異なります。そのときの着信音は交換台経

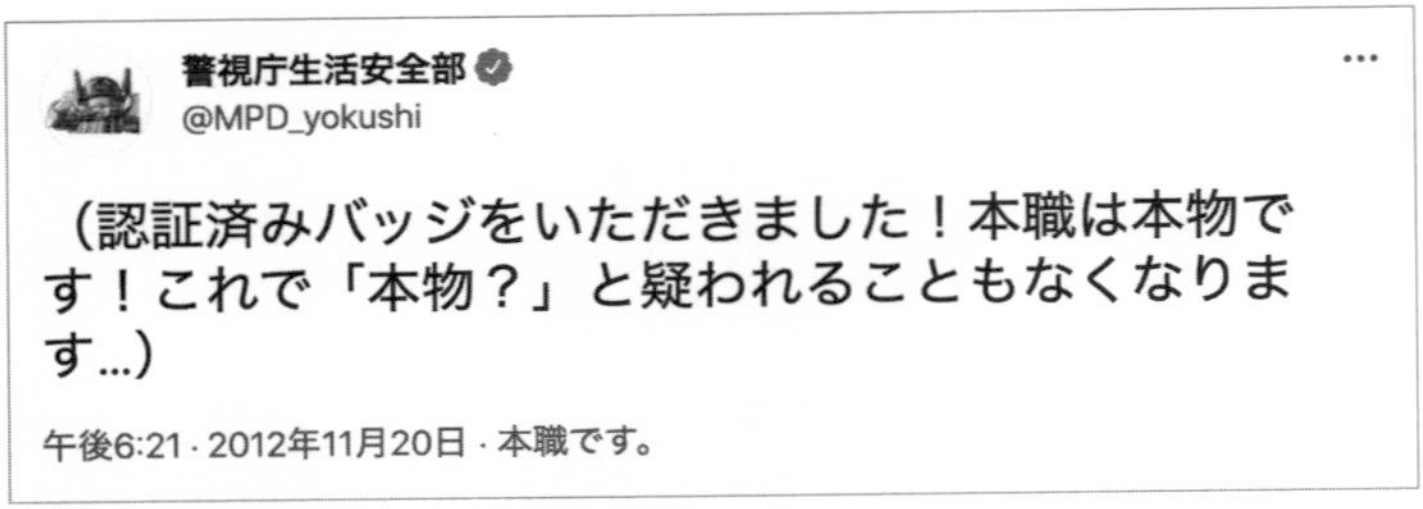
警視庁生活安全部
@MPD_yokushi

（認証済みバッジをいただきました！本職は本物です！これで「本物？」と疑われることもなくなります…）

午後6:21 · 2012年11月20日 · 本職です。

認証済みバッジ取得に我を忘れて思わずツイート

出典：https://twitter.com/MPD_yokushi/status/270819038647705600

由のもので、一般回線からだとすぐにわかりました。

「ツイッタージャパンです……」

電話口の相手はそう名乗りました。「はて、ツイッタージャパンが何の用だろう？」そう思って話を聞くと、認証済みバッジをつけたいので本人確認のために電話をしたとのことでした。その頃も認証済みバッジはありましたが、それがどういう仕組みでつけられているのかは知りませんでした。わざわざ先方から電話をいただけるものだとは思ってもみなかったので少々驚いた記憶があります。

予想外の認証済みバッジ取得にやや我を忘れて取り乱したツイートが上になります。

この頃からでしょうか。中の人の個性が強く出始めたのは。ただ、公式情報の他に何をつぶやいたらいいのかは相変わらず手探りです。前例がない、明文の規則がない。だから限度がわかりません。それでも自分なりに決めたルールはありました。

- 他の企業や団体、もちろん個人も批判をしない
- 政治、宗教の話はしない
- 非公開情報をつぶやかない。警察業務に関連する話題をつぶやこうとするときは、必ず公開情報であることを確かめてからにする
- 情報発信が主たる目的であることを忘れない

これらは**「〜しない」という消極的なルール群**です。つまり、炎上しないためのブレーキとして作用することはあっても、これを守っているだけでは個性を発揮することはできず、ただのおとなしいアカウントになってしまいます。では、逆のルールはどうでしょう。「〜する」という積極的なルールです。

- 警察官もミスをする
- ミスをミスとして認める
- 間違えたときは謝る

- 普通に生きていることを伝える
- 広報課が眉をひそめるようなことをやる

ざっと挙げるとこのようなところです。最後の項目を除けば、私が警察人生でずっと感じていた不満に対するレジスタンスでした。

- 間違えてはならない
- 間違えたら「なぜ間違えたんだ」と厳しく叱責される
- 叱責されるのが怖いから間違えてもそれを隠す
- そうでなければ自分を正当化して間違いを認めない
- 勤務中に生活感を見せることはけしからんことである

組織の性格とでもいいましょうか。無謬性にとらわれて身動きがとれなくなっているように感じていました。自分たちはそんなに完璧ではないとわかっていながら誰もそれを認めようとせず、完璧を取り繕うことに疲れていました。

警察官といえども間違えることはあります。ですから、私はそれをあえてさらけ出していこうと決めました。もともと私はパソコンやスマートフォンの操作でタイプミスが多く、自分でも理解できない文面を作ることがあります。公式アカウントで発信するのですから、誤字があってはならないのは当然です。もちろんきちんと確かめればいいのですが、私の性格からして勢いでツイートボタンを押してしまうのは火を見るより明らかでした。そうであれば、もうそれを受け入れようと考えました。

それが、毎日のうっかり体験であったり、おやつや日常生活の報告であったりとして表れました。

それだけではありません。個人アカウントでの投稿を間違えて公式アカウントに投下する、いわゆる「誤爆」もありました。誤爆は、公式アカウントとしては致命的なミスで、場合によっては担当を外されたり処分を受けたりすることもあり得ます。私も「初めて」誤爆したときは顔から血の気が引きました。どうするか考える余裕はありません。時間が経過すれば瞬く間に事態は悪化します。それまで、公式アカウントが誤爆をしれっと削除して知らぬ顔を決め込んだために炎上した例を見ていましたので、すぐに対応したほうがいいという考えに至りました。

すぐに誤爆を認め謝罪するツイートを出した上で該当のツイートを削除しました。削除したのは、この世から消し去ることを目的としたのではありません。ツイッター内では**「消すと増える」**という言葉があります。都合の悪いツイートを削除したところで必ずスクリーンショットを撮られていて、それが拡散されるという意味です。ですから、ツイッターの作法といいますかローカルルール的には残しておくほうがよかったのかもしれません。しかし、アカウントの趣旨とまったく関係のない事柄を残しておくのは適切でないと判断して削除しました。そして、誤爆を認めるツイートの中で削除したことも宣言しました。

案の定、誤爆したツイートはスクリーンショットを撮られていました。

誤爆の内容は、『艦隊これくしょん』というオンラインゲームをプレイ中のつぶやきです。空母の赤城さんが戦闘中に敵の攻撃を受けて大破してしまい、そのまま進撃することが不可能となってしまった際のものです。

すぐに誤爆を認めて謝罪したことが奏功したのか、その誤爆については炎上することもなく、むしろ励ましや慰めのリプライが多く寄せられることとなりました。**すぐに謝る。それもお役所言葉ではなく、率直な言葉で謝ったことがよかったのだろうと思っています。**

誤爆した翌日、前日の誤爆を認めるとともに、せっかくのネタなので誤爆の内容を盛り込んでツイートを投稿しました。

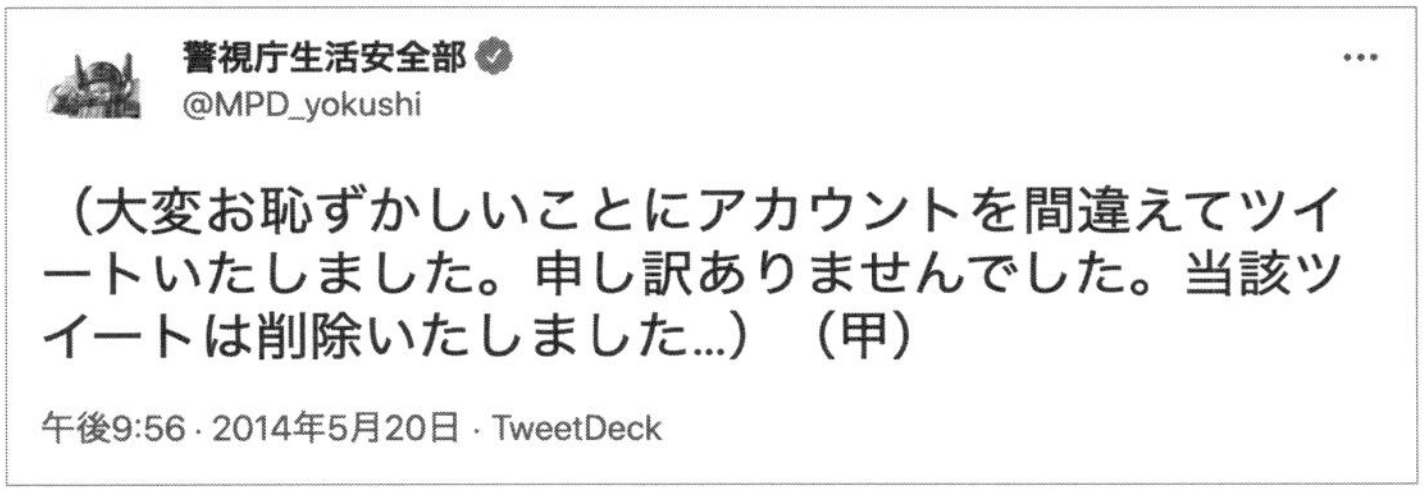

警視庁生活安全部
@MPD_yokushi

（大変お恥ずかしいことにアカウントを間違えてツイートいたしました。申し訳ありませんでした。当該ツイートは削除いたしました…）（甲）

午後9:56 · 2014年5月20日 · TweetDeck

個人アカウントの投稿をうっかり間違えて公式アカウントに投稿することも
出典：https://twitter.com/MPD_yokushi/status/468737030692671489

警視庁犯罪抑止対策本部 @MPD_yokushi · 16分
赤城さん、そこで大破しますかっ！？撤退じゃ、撤退！！
閉じる　返信　リツイート　お気に入りに登録　その他

21:41 - 2014年5月20日 · 詳細

誤爆したツイートはスクリーンショットを撮られていた

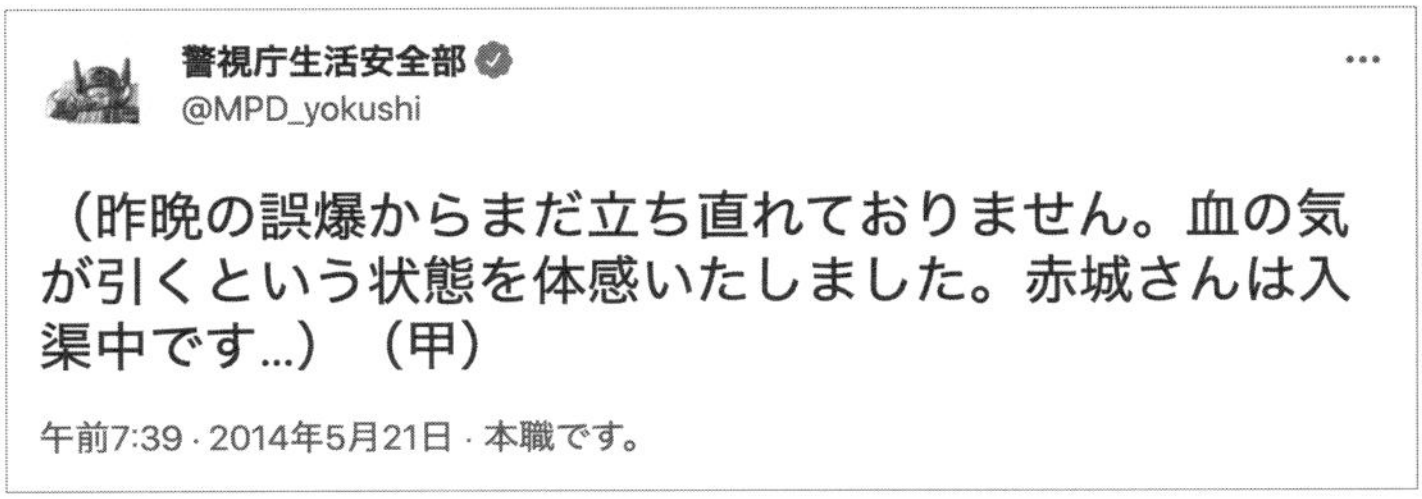

警視庁生活安全部
@MPD_yokushi

（昨晩の誤爆からまだ立ち直れておりません。血の気が引くという状態を体感いたしました。赤城さんは入渠中です…）（甲）

午前7:39 · 2014年5月21日 · 本職です。

誤爆を認めるとともに、その内容を盛り込んだツイート
出典：https://twitter.com/MPD_yokushi/status/468883677867704321

第2章のまとめ

- ☑ まずスタートさせる。役所はいったん始めたことをやめたがらないから
- ☑ 提案は1つで提示すると却下されやすい。複数の棄却用案にまぜて提出すべし
- ☑ なければ作ればいいというが内製のシステムはメンテナンスが大変
- ☑ ネームバリューだけに頼った企画は効果がない
- ☑ 免責条項を盛り込むとコミュニケーションは成立しない
- ☑ 役所は無謬性へのこだわりを捨ててこそ受け入れられる
- ☑ SNSはイベント。イベント会場で独り言を言ってるのは奇異

- [x] みかんの果汁は神
- [x] 情けない自分をさらけ出してもいい
- [x] 叱責(減点方式評価)の文化では、いずれ身動きがとれなくなる
- [x] 誤爆上等(危険ですから良い子は絶対に真似しないでください)

第3章

激変の日々

まさかの運用が停止に！

当初、2012年の11月に実施された振り込め詐欺撲滅月間に向けた広報メディアということで、この月間終了とともにツイッターの運用も終わる予定でした。ところが、みかんの汁をこぼしたことでアカウントに勢いがつき、フォロワーが急増して日増しに反響も大きくなってきました。

これを11月だけで終わらせるのはもったいないということになり、**期限を切らずに継続運用することが決まりました。**はじめから11月で終わりにするつもりはなく、口実をつけて継続運用にするつもりでしたので、してやったりといったところです。

そのまま年を越して2013年を迎えました。その年も順調に運用できるものと思っていました。しかし、事はそう簡単ではありませんでした。

「警視庁の公式で個人的なことをしゃべるのはよくない。やめさせろ」

このような苦情が警視庁の内外から寄せられるようになりました。苦情は直接私のところには届きません。私の上司である管理官のところに集まっていました。当時の管理官は私の運用のやり方にとても理解のある人で、苦情を一手に引き受けて私を守ってくれていたのです。もちろん、直接言われなくても管理官が苦情を受けてそれを処理しているのは見ればわかります。

3月に入り、いよいよ苦情を無視することができない状況になってきました。外より内からの苦情が多くなってきたからです。犯罪抑止対策本部の実質的な責任者である副本部長（参事官）を交えて対応の検討会が開かれました。検討会で論点となったのは、**中の人の発言の根拠**です。アカウント運用を始めるにあたって策定したアカウント運用ポリシーには、発信する情報として担当者の発言は明記されていませんでした。明文の根拠がないところをなし崩し的な運用でカバーしていたのが実態でした。

「事前に決裁をとって公式発言としてツイートすればいいのではないか」

至極当然な意見が出されました。しかし、これではリアルタイム性が強いツイッターの威力を半減させてしまいます。そればかりか、内容が当たり障りのないプレスリリースのようなものになるのは目に見えていました。

「その条件では中の人の発言を続ける意味がありません」

私は事前決裁という延命策の提示を断りました。中身のない中の人になるくらいなら潔く去ったほうがいいと思ったからです。

「批判に対して『これでいいんです』と言い返せる根拠がない以上、いったんやめるしかない」

副本部長の決定で中の人の発言を止めることになりました。


3月4日。

私は、事前に用意しておいた原稿を数回に分けて投稿しました。

このとき、私は消えていなくなるつもりはありませんでした。それまでアカウントに寄せられてきていた反応から考えて、引退を表明すれば必ず引き留めや引退を惜しむ声が寄せられるに違いないと考えていました。そして、その声を武器として再開に向けた戦いに挑むつもりだったのです。ただ、自分の思惑が外れ、再開がままならなかった場合は本当に引退となってしまいます。ですから、引退の挨拶として本名で締めくくりました。

ルールは作れる

3月8日。

中の人のつぶやき再開です。その間、わずか3日間です。

なぜこんなに早く再開できたのでしょうか。それは「意気に感じる」ですとか「武士は己を知る者のために死ぬ」といった言葉通り、**上司の心意気に触発されたから**です。内外からの苦情を受けて、中の人のツイートをやめるかどうかを検討する席上で、当時の副本部長からこんな発言がありました。

「一人でつらい思いをさせてすまなかった」

ああ、この人はわかってくれている。いえ、たとえわかっていなくても、社交辞令だとしてもこのようなことを言われたら少々の嫌なことは吹き飛んでしまいます。この人の下でならまだやれる。いや、この人のためにもやらなきゃならないと思いました。

私は、中の人のツイートをやめた翌日からすぐに動き始めました。やるべきことは明らかでした。ツイート停止の理由がポリシーにあったわけですから、**ポリシーに中の人の発言を明示すればいい**のです。

警視庁生活安全部
@MPD_yokushi

（間もなく、重要なお知らせをいたします…）

午後5:13 · 2013年3月4日 · 本職です。

内部からの苦情の増加により、やむをえず運用停止に！

出典：https://twitter.com/MPD_yokushi/status/308490478024814593

警視庁生活安全部
@MPD_yokushi

【重要なお知らせ】（1）昨年１１月からお付き合いいただいた本職のつぶやきですが、本日をもって終了いたします。警察広報のスタイルを破る新たな実験でしたが、本職ひとりでは力不足でした。引き続き再開の可能性を探って参りたいと思います。（続く）

午後5:18 · 2013年3月4日 · 本職です。

事前に用意していた原稿を数回に分けて投稿

出典：https://twitter.com/MPD_yokushi/status/308491695975194624

これとあわせてもうひとつ、**返信を可能にしよう**と思いました。それまでのポリシーでは返信は行わないと明記していましたから、そこを修正しなければなりません。

まず中の人の発言内容を決めなければなりません。「中の人が発言します」だけでは何でも言えてしまうことになり担当者個人に与えられる裁量の範囲が広すぎます。だからといって発言する分野や項目を列挙するような方法では担当者の手足を縛ることにな

警視庁生活安全部
@MPD_yokushi

【重要なお知らせ】（2）制約された条件の下で継続する可能性もありましたが、ツイッターを利用するメリットをすべて減殺するような条件の下では、継続する意味を見いだすことができませんでした。フォロワー２万名を目前に姿を消さなければならないことは、非常に残念でなりません。（続く）

午後5:18 · 2013年3月4日 · 本職です。

妥協しての継続を望まず、潔く姿を消すことを決意
出典：https://twitter.com/MPD_yokushi/status/308491702912552960

警視庁生活安全部
@MPD_yokushi

【重要なお知らせ】（3）ひとつお願いしたいことがあります。本職が姿を消しても当アカウントのフォローを続けてください。皆様のお役に立つ情報の発信に全力で取り組んで参ります。botの向こう側には本職がおります。本日までありがとうございました。本職こと中村健児（終）

午後5:18 · 2013年3月4日 · 本職です。

引退の挨拶として本名で締めくくった
出典：https://twitter.com/MPD_yokushi/status/308491709564735488

警視庁生活安全部
@MPD_yokushi

【復帰のご挨拶】本日、一時休止していた本職のつぶやきを再開いたします。啓蟄を過ぎてしまいましたが、短い冬眠から覚めました。皆様からのご声援並びにご支持が再開の原動力でした。また、再開に当たり、上司の強力なサポートをいただくことができ、警視庁の懐の深さを改めて認識いたしました。

午後5:20 · 2013年3月8日 · 本職です。

運用停止からわずか３日でのつぶやき再開

出典：https://twitter.com/MPD_yokushi/status/309941774573531137

警視庁生活安全部
@MPD_yokushi

【本職のつぶやきの性質】本職のつぶやきは、警視庁の公式見解並びに方針等を述べるものではありません。もとよりそのような高尚な内容などなく、本職の日常における経験や感想等を述べるにとどまります。本職のつぶやきを公認するという決定をした上司の英断に驚愕するとともに感謝いたします。

午後5:31 · 2013年3月8日 · 本職です。

上司の心意気に触発されて再開を決意

出典：https://twitter.com/MPD_yokushi/status/309944464858836994

り、発言を認めた意味がなくなってしまいます。**一見、発言の範囲を規定しているように読めるが実際はほぼ自由に発言できるような書きぶりが望ましい**と考えました。あれこれと考えて書き上げたポリシーが次ページになります。

4番の項目に従来はなかった「**担当者発信の性質**」という項目を新たに加えました。その中に発言する内容として「担当者の日常における経験、感想を述べるものとする」と明記しました。これであれば、ほぼ無制限といっていい内容です。そして、これは免責条項であまり入れたくなかったのですが、上司はこれを求めるだろうと予想して担当者の発言は警視庁の公式見解ではないと断り書きを加えました。

次に返信を可能にしなければなりません。ポリシーでは「原則として返信は行わない」と書いてあります。原則なので例外が許容されます。

私は、ポリシーには例外規定を明記しませんでした。その代わり、アカウント運用の内部規程に**例外として返信できる場合**を明記しました。「返信することにより警視庁のイメージアップまたは広報効果の向上が望める場合」には返信できるとしたのです。内部規程は、中からの非難を退けることができる力を持った文書にする必要がありました。おそ

1　目的

本方針は、警視庁犯罪抑止対策本部の Twitter アカウント（@MPD_yokushi）の運用に関する事項について定める。

2　基本方針

@MPD_yokushi は、警視庁のメール配信システム「メールけいしちょう」により配信されたメールの情報等を発信するものとし、原則として、関係機関以外への返信、通報及び相談受理は行わない。

3　運用方法

@MPD_yokushi は、警視庁犯罪抑止対策本部の職員が次の通り運用する。

(1) 発信する情報

ア　メールけいしちょうにより配信された情報

イ　防犯情報

ウ　警視庁が主催する防犯イベントに関する情報

エ　その他警視庁の取組みのうち、都民の安全に資する情報

オ　担当者の発言

(2) 他のアカウントのフォロー

原則として関係機関以外のアカウントのフォローは行わないものとする。

ただし、平時と異なる対応が必要とされる場合は、政府機関、地方公共団体、外国の政府機関等の発信する関連情報についても、必要に応じてフォロー、リツイート及び返信を行う。

4　担当者発信の性質

担当者の発言は、警視庁としての公式見解、方針等を示すものではなく、担当者の日常における経験、感想を述べるものとする。

5　運用方針の周知及び変更

本方針の内容は、予告なく変更する場合がある。その場合は、変更した旨を @MPD_yokushi を通じて周知するとともに警視庁ホームページに掲載する。

平成 25 年 3 月 8 日
警視庁犯罪抑止対策本部

警視庁犯罪抑止対策本部（@MPD_yokushi）Twitter 運用ポリシー

らく誰も文句を言えないであろうというレベルとして犯罪抑止対策本部長通達にしました。本部長は副総監ですから実質副総監通達です。副総監がやっていいと言っていることに表立って文句をつけてくる人はまずいません。

これらの文書を中の人の発言停止の翌々日に書き上げ、その次の日には副総監まで決裁をとり再開を決めてしまいました。これだけの速さで事を運べたのは、発言休止宣言の当日から再開を望むリプライがたくさん寄せられたこと、さらには警視庁のホームページに設置されているフォームから再開の要望を出してくれた方が大勢いらっしゃったからです。これらの目に見える反響があったからこそ自信を持って上司を説得することができました。これは今でも感謝しています。

ルールがなければ作ればいいとはよくいわれる言葉です。ところが、実際にそれをやろうとすると、いうほど簡単なことではありません。特に組織が大きければ大きいほど意思決定に時間がかかり瞬発力がなくなってきます。今回は、犯罪抑止対策本部が副総監の直轄という特殊な部署だったことも私にとって有利に働いたといえます。

公的な情報と個人的な内容がひと目で区別できる

中の人のツイートを一時休止して再開したときからです。**中の人を複数体制にして私のツイートに(甲)の署名を付すようになりました。**

なぜ複数体制にしたのかというと、私個人の色を薄めるためと後継者の育成が目的です。警察官の宿命として部署の異動があります。異動は警察官に限らず組織の中で働く人であればほとんどが避けて通れません。多くの企業でも中の人の異動に伴って運用が平凡になったり、極端な場合はアカウントの閉鎖という事態に陥ったりすることも少なからずあります。

ツイッターは共感のメディアですから、こうすれば必ずうまくいくというマニュアルが存在しません。ある程度のテクニックはあるとしても、共感を生み出すのは中の人のセンスや性格に負うところが大きいといわざるを得ません。つまり、かなりの部分が属人的なスキルになります。そのため、**後継者の育成も複数体制で徐々にスキルを伝承していくのがベター**です。

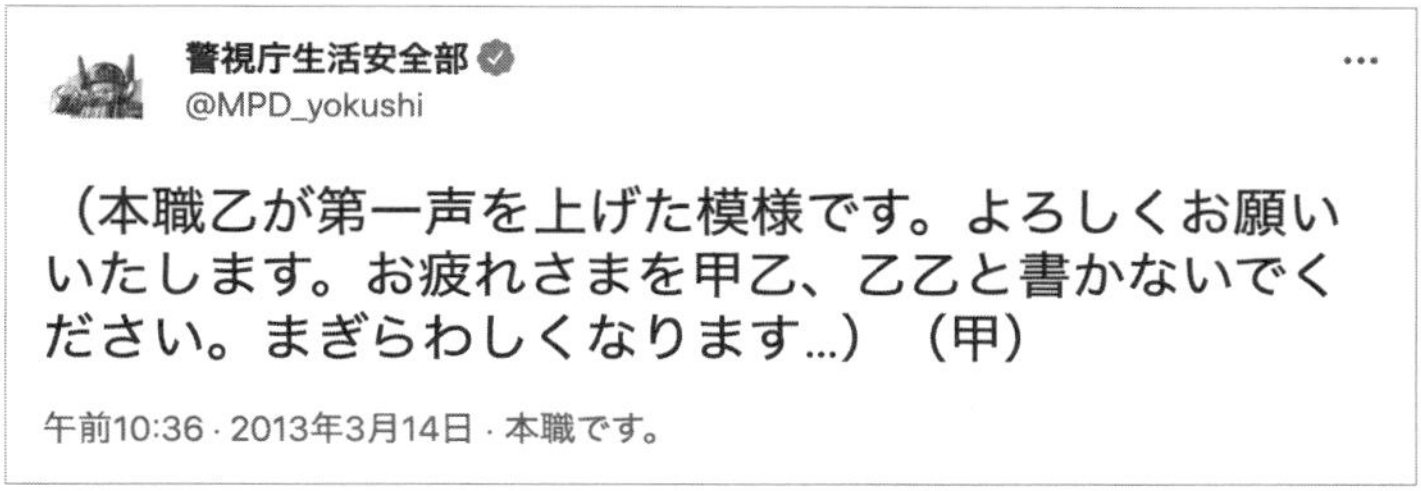
警視庁生活安全部
@MPD_yokushi
（本職乙が第一声を上げた模様です。よろしくお願いいたします。お疲れさまを甲乙、乙乙と書かないでください。まぎらわしくなります…）（甲）
午前10:36 · 2013年3月14日 · 本職です。

中の人を複数体制にして、自分のツイートには「(甲)」の署名を付すようにした
出典：https://twitter.com/MPD_yokushi/status/312014373528928256

次に、署名を付した理由です。担当を複数体制にしたことで誰の発言なのかわからなくなることが予想されました。そこで、**発言者を区別するため**に署名を付すことにしたのです。私は（甲）で、もう一人の担当者が（乙）です。乙は私の部下で巡査部長の男性でした。彼はなかなか味のあるツイートを出してくれましたので、フォロワーからも「乙さん」として親しまれていました。ただ、残念ながら異動の時期が近かったため、中の人を担当した期間はそれほど長くありませんでした。

次に担当を任せたのは、女性の巡査部長で（丙）の署名を使ってもらいました。丙さんは、スペイン語の通訳資格も持っていたので、ときどきスペイン語で挨拶をしてもらいツイートに変化をつけるようにしようと思いました。

ところが、丙さんはツイートすることを怖がってしまい、なかなか発言しようとしません。考えてみれば当然のことです。4万人以上が所属する巨大な組織である警視庁の看板を背負って個人的な発言をしろと言われたら、普通の人であれば二の足を踏むでしょう。警察学校から「個人で勝手な発言をするな」と厳しく教育されてきているのですからなおさらです。大きな組織で公式アカウントの中の人として発言するために求められる資質には、度胸というよりも鈍感さが挙げられます。場合によっては警視庁が炎上するかもしれません。そんな重圧を屁とも思わない鈍感さがなければやっていられません。

この鈍感さですが、後述する「怖さを感じる」ことと矛盾なく両立します。鈍感さは、組織の看板を背負って発言するプレッシャーに対するものです。一方、怖がるのは発言の内容そのものの適否についてです。プレッシャーを感じない図太さを持ちながら、発言内容を正しく怖がるという一見矛盾するようなことをさらりとやってのける必要があります。

ちなみに、丙さんも間もなく警部補に昇任して異動してしまい、それからは私一人の体制が続きます。

もうひとつ工夫をしたことがあります。それは、**公式情報と中の人の個人的な発言の違いが一見してわかるようにしたこと**です。警察のアカウントですから、中の人の個人的なつぶやきが公式情報と混同されてしまうと何かと不都合が生じます。不都合で済めばよいのですが、それが原因で国民の生命身体または財産に損害を与えるようなことがあってはなりません。それを避けるため、2つの工夫をしました。

1つ目が**担当者の発言を（ ）でくくり、公式情報と区別できるようにしたこと**です。ここまで気を遣わなくてもいいのではないかと思うこともありました。しかし、こと炎上のしやすさだけでいえばガソリン並みに引火しやすいアカウントです。用心するに越したことはありません。

もうひとつは**一人称に警察に特有の言い方を使ったこと**です。警察というより、警視庁に特有といったほうがいいかもしれません。警察官の一人称は、都道府県警察で違うことがあります。私は、担当者の発言では自分のことを「本職」と言うようにしました。これは、会話の中で使うものではありません。書類に一人称を書く必要があるときに使っています。たとえば、捜査報告書などの書き出しには「本職、本日午前○時○○分頃、東京都○○区○○町……において警ら中」などのように使います。

一般的なイメージだと、警察官の一人称は「本官」ではないでしょうか。マンガやコントの影響もあり、本官という一人称が浸透しているように思います。「本職」を使うと、この一般的に考えられている一人称と違うことから話題も生まれます。そういうこともあり、わざと「本職」を使うことにしました。

この狙いは当たったようで、私が（甲）の署名を使うようになるまでは、フォロワーから

「本職さん」と呼ばれるようになりました。私が初めてメディアの取材を受けた記事でも「本職氏」と表現されています。中の人をやっていて愛称ができるようになれば一人前です。

勝手に書かれちゃ困る

警視庁のウェブサイト内に「拾得物公表システム」というページがあります。

このページ、本文のタイトルは「拾得物公表システム」なのですが、ソースのＨＴＭＬではタイトルが「拾得物公表サービス」になっています。タブで開けるブラウザをお使いの方はタブに表示されるタイトルと本文内のタイトルが違うことを確かめられます。

ここでは、東京都内で拾われた落とし物と、他府県で拾われ都内の警察署に提出された落とし物が検索できます。私が中の人をやっていた当時もこのサービスはありました。

意外とご存じない方が多いように思えたので、これを紹介することにしました。いつも特殊詐欺のことばかり発信していますが、たまには他の警察業務に関することで市民の役に立つ情報も提供しようと思ったからです。一般の閲覧の用に供するために公開されているホームページに掲載されている情報です。それをツイッターに投稿するだけなので特に問題はないはずです。

私が拾得物公表システム（サービス）についてツイートして間もなく、一人の男性が犯罪抑止対策本部の部屋にずかずかと入ってきました。見たことがない顔でしたので自所属の人ではないことはすぐにわかりました。年齢は50歳を超えたくらいでしょうか。背格好から警察官ではなく警視庁に勤める一般職（警察官ではない行政職員のことを一般職といっていました。今は「行政職」といいます）だろうと想像ができました。

「ツイッターのことなんだけど」

その男の人は、どうやら怒っているようでした。語気荒い話し方で初めからケンカ腰です。怒っている人の相手はしたくありませんが、ツイッターの担当は私なので仕方ありません。立ち上がって「私が担当です」と答えました。

「勝手に書かれちゃ困るんだよ！」

いきなり主語がない叱責を受けた私は、どう反応していいのかわからず「はあ？」と返すのが精一杯でした。なにしろ言いたいことがわからないわけですから、こちらも答えようがありません。

「拾得物のことだよ。うちに断りもなく勝手に書かれると困るんだ」

ようやく主語が登場したことで合点がいきました。

その男性は、拾得物を扱う会計課の職員だったのです。私が拾得物公表システム（サービス）のことをツイートしたのが気に食わなかったようです。

「ホームページで公開されていることで、都民の役に立つ情報だと思いましたのでツイートしましたが」

こちらとしても公開情報をツイートしただけで怒られるのは納得がいきません。ケンカをするつもりはありませんが、どういう意図でツイートしたのかは説明しなければいけないと思いました。

「いや、だからって勝手に書かれたら困るんだよ」

どうやら議論になりそうもありません。男性が言いたいことは、拾得物に関することをツイートするなら主管課であるうちに話を通してからにしろ、ということなのだろうと察しがつきました。つまり「根回し」がなかったことを怒っているわけです。まだどこにも公開されていない情報であれば、根回しですとか公開の許可を取り付けるといったことを求められるのはわかります。しかし、今回の情報はそういった類いのものではありません。公開情報を公開したところで会計課のメンツがつぶれることもないのですが、怒っている人に何を言っても無駄です。取りあえず頭を下げてお帰り願いました。

世の中には、理屈ではない謎のプライドで生きている人がいます。そういう人に何を言っても無駄です。私も訳がわからないまま怒られるのは嫌なので、それ以降、会計業務に関することはつぶやかないことにしました。せっかくのいいサービスなのに、よくわからないプライドのために周知する機会を見逃すことになってしまいました。

第3章のまとめ

- ☑ あえて身を引くことで再登板の可能性を作れることもある（危険ですから良い子は絶対に真似しないでください）
- ☑ ルールがなければ作ればいい（ルールがないから自由に作れる）
- ☑ ツイッター内での愛称ができるくらいになればしめたもの
- ☑ 公開情報をツイートしても内部から文句を言われることがある

第4章

反響を呼んだキャンペーン

ツイッターで振り込め詐欺新名称募集

特殊詐欺は、その手口が循環します。架空の取引を持ちかけたり、土地転がしのような債権債務にからんだりするような詐欺ではなく、ありもしない物語を電話で語り、債権債務に基づかない金銭の交付を行わせるものが特殊詐欺です。

この手口が登場したばかりの頃は、犯人が用意した預貯金口座にお金を振り込ませる手口でした。当然、警察はこの手口に対応するためＡＴＭの利用限度額を引き下げさせるなどの対策を講じました。実のところ、ＡＴＭ利用限度額引下げは、あまり効果がありませんでした。そもそも被害を根本的になくすための対策ではなく、被害金額を少なくさせる効果しかないのですから。被害を減らす効果がない上に、高齢者がわざわざ金融機関の窓口に赴いてＡＴＭの利用限度額を引き下げる手続きを行わなければならないのです。必要のないこと、義務のないことを行わせるための行動を起こさせるのは並大抵のことではありません。その点、特殊詐欺は対応しないと自分または親族など親しい関係にある人が不利益を被ると告げ、しかも、とにかく時間がないことを演出して行動を促します。人に行動を起こさせるマーケティングの手法としては、残念ながら特殊詐欺のほうが何枚も上手でした。

それでも、ATMを使った振込みが多少はやりにくくなったのでしょう。次は、犯人が現金を受け取りに来る「手渡し型」の手口に移ります。これは犯人側にしてみれば被害者と現実社会で接触することになるため警察に検挙されるリスクが高くなります。もちろん、警察は被害者と犯人が接触する現場で犯人を検挙しようとします。ただ、残念なことにこれで検挙されるのは、いわゆる「受け子」といわれる主犯格の組織とは面識のない使い捨ての駒でしかなく、組織にダメージを与えることができません。警察は、現場検挙の態勢を維持しつつ、被害者が現金を調達する金融機関の窓口で被害を防止しようとしました。高額の現金調達の場合、警察に通報してもらうよう依頼したのです。

窓口での現金調達阻止と現場検挙で現金手渡し型の特殊詐欺がやりにくくなってくると、手口は再び振込み型へと変遷しました。還付金詐欺の登場です。前回の振込み型は明らかに振り込むという手続きを踏ませていましたが、還付金詐欺は被害者に振込みを行っているとと思わせないところが大きな違いです。

そして、ATMでの対策が進むと、また現金手渡し型が復活しました。このように、特殊詐欺は手口が循環して登場します。警察の対応といたちごっこになっているといってもいいでしょう。

特殊詐欺が登場してしばらくは振込みがメインでした。今でこそ「特殊詐欺」と呼んでいますが、当時はその手口から「振り込め詐欺」という呼び名がつけられ、これが全国的に広まり、特殊詐欺の公称となっていきました。ところが、現金手渡し型に手口が移行すると、振り込め詐欺は被害の実態を表していない、これでは注意喚起にならないのではないかとする議論が出ました。

ではどうするか。**振り込め詐欺に代わる新しい名称を考えよう**となりました。広報啓発なのだからお前のところでやれと下命され、私が企画を担当することになりました。私としても振り込め詐欺に変わる名称を作ることに異存はありませんでした。手口の実態を表していない呼び方では被害防止につながらないという考え方に同調できたからです。

どうやって新名称を作るのかは、下命を受けたときすぐに思いついていました。**ツイッターで公募するのです。**私は、もともと自分を含めた警察官のネーミングセンスに懐疑的でした。警察官に名称や標語を考えさせると絶望的にダサい名前になることを幾度となく経験してきていたからです。

広告代理店に委託することもできました。ですが、なにしろ思いつきの企画で予算がありません。年度の予算に計上していない事業でも予算を支出するやり方はいくつかあることを東京都に派遣されている間に学んでいましたので、代理店に委託することも可能でし

> **警視庁生活安全部**
> @MPD_yokushi
>
> 【『振り込め詐欺』新名称募集】振り込め詐欺に代わる新しい名称を募集します。ハッシュタグ #振り込め詐欺新名称 を付けてつぶやいてください。優秀作品の作者には記念品を贈呈。締切４月１０日（水）（当日送信分まで有効）詳細⇒ bit.ly/Y87WSI
>
> 午前11:02 · 2013年3月21日 · 警視庁から各局

ハッシュタグで「振り込め詐欺」の新名称を募集した
出典：https://twitter.com/MPD_yokushi/status/314557623447990272

た。補正予算を組む、予備費から支出する、他の予算から流用するといった方法があります。補正予算と予備費は都議会まで巻き込むことになり、話が大きくなりすぎます。流用が現実的でやろうと思えばできましたが、なにしろ警察官で予算執行の仕組みがわかる人はほとんどいません。まず予算とはなんぞや、その執行方法はどうなっているのか、予算を管理するために整備されている東京都の財務システムの説明からやらなければなりません。とてもとても面倒なことで、絶対にやりたくないと思いました。ですから、ここは公募にしようとすぐに決まりました。

公募する方法は、ツイッターを使うことにしました。**「#振り込め詐欺新名称」のハッシュタグで新名称をツイートしてもらい、その中から選ぼうというものです。**

これをやれば、面白おかしく揶揄《やゆ》される、いわゆる「大喜利」状態になるのは必定です。それは、この企画を盛り上げてくれる原動力にもなりますので、むしろ歓迎するところでした。ただ、応募方法をツイッターに限定してしまうと、ツイッターを利用していない人の機会を閉ざしてしまうことになります。そこで、郵送での応募も可能としました。ツイッターの中の人をやっていると、ツイッターの世界がすべてだと思いがちですが、実際のところ**日常的にツイッターを使っている人はそれほど多くないことを自覚する必要があります**。特に、公の機関であればできるだけ機会は平等に設けることを考慮しなければなりません。

入選作品には警視庁内の売店で売っているピーポくんグッズをお礼の品としてプレゼントすることにしました。

ところが、ふたを開けてみると予想していたほどの大喜利にはならず、意外にも皆さん真剣に考えて応募してくれていたようです。中には「いつ振り込むの？今でしょ詐欺」といったような作品もあり、そこそこ大喜利としての盛り上がりがあって話題性の獲得としては大成功でした。

新名称案の公募が締め切られた後は、高齢者の意見と実際に紙面などで新名称を使うことになるであろうマスコミの評価を受けることにしました。高齢者の意見は、「おばあちゃんの原宿」とも呼ばれる東京巣鴨の巣鴨地蔵通り商店街にある、とげぬき地蔵で有名な「高岩寺」でアンケートを実施しました。マスコミに対する調査は、警視庁内の記者クラブに詰めている記者にアンケート調査を行いました。

アンケートの結果、面白い現象が確認できました。高齢者のアンケート上位に入った名称は、いずれも特殊詐欺の特徴を高齢者側の立場で主観的に見たものでした。たとえば、「親心利用詐欺」のようなものです。これに対してマスコミの選んだものは、特殊詐欺を客観的に見ているものが上位を占めました。こちらの例としては「ニセ電話詐欺」といったものです。立場が異なると見えている景色も異なることが実感できる貴重な経験になりました。

事務局である私としては、新名称をマスコミ側のアンケート結果にウエイトを置いて決めたいと思っていました。せっかく新しい名称を考えてもマスコミが使ってくれないようなものでは考えた意味がなくなってしまいます。警察のマスターベーションで終わってしまうのは避けたかったからです。

ところが、高齢者とマスコミのアンケートが終わったところで、もうひとつ調査を行うことになりました。犯罪抑止対策本部に所属する職員にアンケートを行うというのです。

前述のように、私は警察官のネーミングセンスに懐疑的でしたので、ここで警察官の意見を入れてしまったら高齢者やマスコミにアンケートを行った意味がなくなってしまうと反対しました。しかし、残念ながら力関係で押し切られてしまい、職員に対するアンケートを実施することになりました。もう嫌な予感しかしません。

嫌な予感は的中しました。職員へのアンケート結果で上位を占めたのは、高齢者とマスコミのアンケート結果に含まれないものばかりでした。つまり、三者のアンケート結果が出てしまい、それもすべて異なる結果となってしまったわけです。どのアンケート結果から選んだらいいのかわからない状態です。私は、マスコミの客観的な見方を重視すべきだと繰り返し主張しました。

さて、私が所用で平日に休みをとった翌日、いつも通りに出勤すると上司から「新名称が決まったよ」と言われました。前日、つまり私が休みでいない日に新名称を決める予定はありませんでした。これはやられたなと思いましたが、アンケート結果の中から選ばれるのであれば私がいてもいなくても問題はありません。

上司から告げられた新名称は「**母さん助けて詐欺**」でした。

私は目が点になりました。

「母さん助けて詐欺」は、どのアンケート結果でも上位に入っていなかったものです。つまり、アンケートをやった意味はなく、誰かの一存で決められてしまったのです。誰が決めたのかは聞いていませんが、決定権を持っている人しかできないことですから聞くまでもありません。私は、アンケートをやった意味がないと上司に食ってかかりましたが、上司も「もう決まってしまったんだ」と苦々しく答えるしかありませんでした。

よくわからないプロセスを経て誕生した新名称は、歌舞伎座の地下にある広場でものまねタレントのコロッケさんをお迎えしてお披露目を行いました。マスコミを呼び込んで大々的にお披露目を行った振り込め詐欺の新名称「母さん助けて詐欺」は、その後一切使われることなく自然消滅しました。高齢者もマスコミも「これはいい」と言っていないのに定着するはずがありません。

残念な思い出しかない新名称制定ですが、1つだけやってよかったと思えることがありました。それは、**「アンチに見えるが実はアンチではない人もいる」という事実がわかったこと**です。この企画を実施した頃、なにかにつけて犯罪抑止対策本部のアカウントにからんでくるアカウントがありました。そのアカウントのツイートを見ると、どうやらミュージシャンで、あらゆることにとがっているように見えました。その人が振り込め詐欺新名

警視庁生活安全部
@MPD_yokushi

【速報】振り込め詐欺新名称優秀作品発表！

「母さん助けて詐欺」

「ニセ電話詐欺」

「親心利用詐欺」

振り込め詐欺新名称優秀作品は、以上の３点に決定しました。多数のご応募ありがとうございました。

午前9:41 · 2013年5月12日 · Twitter for iPhone

振り込め詐欺の新名称発表の様子

出典：https://twitter.com/MPD_yokushi/status/333381274519605250

称の募集に応募してきたのです。それも、ふざけた内容ではなくアンケートの結果でも上位に入るものでした。

上位入選者には記念品を贈呈することになっていましたので、私はツイッターのダイレクトメッセージでそのアカウントにコンタクトをとりました。そうしたところ、普段のとがった口調とはまったく異なる、実にしっかりとした礼儀正しい文章による返信が送られてきました。普段、タイムラインではアンチであるかのように振る舞っていても、それはその人のポジショントークであり、話をしてみるとそんなこともない「場合もある」とわかったのが最大の成果でした。

総監突撃

2013年5月、犯罪抑止対策本部のフォロワーが5万人を超えました。それを記念して普段できない面白い企画をやることにしました。題して、

「フォロワー5万人突破記念企画『あのテワタサナイーヌが今度は警視総監に突撃インタビュー！』」

企画です。読んだままの企画で何もひねりがありません。

実は、この企画を実施するには伏線と申しますか、前振りとなる企画がありました。それは、この2カ月ほど前、フォロワーが2万2222人というぞろ目を迎え、その記念として実施したものです。企画内容は、私が考案したオリジナルキャラクターの「テワタサナイーヌ」が犯罪抑止対策本部の本部長である副総監に突撃インタビューを行うというものです。

テワタサナイーヌは、特殊詐欺の被害防止を訴求するためのキャラクターで、現金手渡し型の手口が横行していた頃に考案したことから、「知らない人にお金をテワタサナイ」という啓発文言と動揺で有名な「イヌのお巡りさん」を掛け合わせた名前をつけました。基本的に犬のような外見ですが、口の周りと体幹は人の肌になっています。左のイラストでは警察官の制服を着用してますが、原案ではオリジナルの制服を着用させていました。

イラストだけですと活動の場が限られてしまいます。そこで、着ぐるみを制作してリアルな世界でも活動できるようにしました。

ほぼ趣味と性癖の世界です。このテワタサナイーヌに副総監への突撃インタビューをさせようというのがフォロワー2万2222人記念企画です。突撃インタビューと銘打ってはいますが、さすがにアポなしで副総監に突撃しても断られるのは目に見えています。あ

テワタサナイーヌの原案

著者考案のオリジナルキャラクター
「テワタサナイーヌ」

副総監への突撃インタビューを行う
テワタサナイーヌ

らかじめ秘書を通じて話を通しての実施です。警視庁始まって以来、着ぐるみのキャラクターが副総監にインタビューした例はありません。にもかかわらず、この話を副総監まで通してくれた副総監秘書のノリの良さがあればこそ実現できました。秘書のところで断られるだろうと思っていましたので、秘書から「副総監に伝えます」と言われたときは「いや、さすがにヤバいだろう」と冷や汗が流れたのを覚えています。副総監からお叱りを受ける覚悟で連絡を待っていると、卓上の電話が鳴りました。その当時、各係に設置された電話はナンバーディスプレイではありません。電話に出るまで誰からの着信なのかわかりませんでした。電話の主は副総監秘書でした。「副総監がインタビューをお受けになるそうです」まさかの返事に多少膝が震えました。

実現しないだろうと高をくくっていた副総監への突撃インタビューを3月に敢行しました。よせばいいのに、この成功に気をよくして「次は警視総監でしょう」と勝手に決めていました。

このインタビューが話題になり、またフォロワーが急増します。2カ月後の5月にフォロワーが5万を超え、警視総監への突撃インタビュー実施となったわけです。わずか2カ月でフォロワーが約3万人も増えたのですから、当時は異様な興奮状態でした。今思い返

警視庁生活安全部
@MPD_yokushi

こんにちは、テワタサナイーヌです。副総監にインタビューして以来の主役での登場です。いま私は、警視総監室の前に来ています。これから警視総監に突撃インタビューを行います。

午後5:30 · 2013年5月20日 · Twitter Web Client

警視総監室突撃の様子
出典：https://twitter.com/MPD_yokushi/status/336398617898266624

せば、あの興奮状態は炎上リスクがとても高かったのだと思います。「何をやってもウケる」と勘違いしていたように思います。

副総監に突撃インタビューをした被り物キャラクターが前代未聞でしたから警視総監ももちろん前代未聞です。

被り物のキャラクターが警視総監室に入ったのが前代未聞なのは普通に理解できます。実は、被り物ではない生身の警察官でも警視総監室に入れるのはごく限られた人しかいません。一度も警視総監室に入ることなく警察人生を終える人がほとんどだといっていいくらいにまれなことです。まず、警視総監室の前までたどり着くことすら普通はできません。他のフロアとは明らかに趣を異にする重厚な作りで、用のない人間を寄せ付けない威厳があります。そこに入ることができたテワタサナイーヌは、実に幸運だったといえるでしょう。

その後もテワタサナイーヌは傍若無人な活動を続けることになります。例を挙げると、警視総監が出席するイベント会場の舞台裏で出番待ちの警視総監を見つけると「写真を撮らせてください」と気軽に声を掛け、ツーショットに収まるようなことをやっています。

このときの警視総監は、第92代高橋清孝氏です。高橋総監は、警視総監に就任する約

警視庁生活安全部
@MPD_yokushi

(夢のツーショット！)(テワタサナイーヌ)

午後1:31 · 2016年2月26日 · Twitter for Android

高橋清孝警視総監（当時）とのツーショット
出典：https://twitter.com/MPD_yokushi/status/703074825896534016

警視庁生活安全部
@MPD_yokushi

（現在の警視総監が副総監在任中、副総監室でカレーをごちそうになったご縁がありますので、ぜひ総監室に突撃をかけたいと思っております。いえ、思っているだけです…）（甲）

[redacted] · 2016年5月19日
返信先: @MPD_yokushiさん
やはり、ここは・・・警察庁長官に・・・は管轄が・・・刑事部、公安部、組織犯罪対策部などの部長さん達に突ってみては如何でしょう？

午後0:16 · 2016年5月19日 · TweetDeck

警視総監への突撃インタビューでテワタサナイーヌの認知度がアップした
出典：https://twitter.com/MPD_yokushi/status/733134131429670912

2年前は副総監として犯罪抑止対策本部の本部長でもありました。とても気さくな人柄で、犯罪抑止対策本部の忘年会で行われた福引に「副総監室で副総監とカレーが食べられる券」を提供してくれたことがあります。見事、私がそれを引き当てましたが、ただの余興で実現することはないだろうと思っていました。ところが、年が明けた1月に副総監秘書から電話があり「カレーを食べる会を催します」と言われました。何の前触れもなくいきなり言われたので本当に驚きました。

まず、副総監室に入るだけでも緊張します。それに加えて副総監とテーブルを囲んでカレーを食べるという超シュールな光景を繰り広げなければならない重圧は、なんともたとえようがありません。カレーを食べた気がしませんでした。副総監は笑顔で楽しそうに話をしてくれましたが、こちらはただひたすらうなずくだけです。話の内容などまるっきり覚えていません。

忘年会で副総監とカレーを食べられる券を引き当てたときは、実現するとは思っていませんでしたが、もし実現したとしてもカレーを食べて終わりだと思っていました。ところが、カレーを食べ終わった後、副総監と日比谷公園を散歩できるというおまけがついていました。副総監は、いつもお昼に日比谷公園を散歩していたそうで、その日課にご一緒した(付き合わされた)形です。副総監は歩くのがとても速く、ひいひい言いながら後をついて回りました。

警視総監への突撃インタビューでテワタサナイーヌの認知度が上がったといえるでしょう。その後、警視庁の公認キャラクターに認めてもらい、警察として初めて作った防犯アプリ「Digi Police」（デジポリス）にもメインキャラクターで採用されました。正確には、ディレクターである私が採用しました。

知事室からお電話です（警視総監に突撃インタビューからの都知事に突撃？）

前代未聞の警視総監への突撃を成功させたことで、私に野望ができました。**テワタサナイーヌに突撃させる相手の役職をどんどん上げていくことです。**警視庁は東京都の組織で、警視総監は都の局長級として扱われています。とはいえ、警視総監の地位は一般の都職員とはかなり違いがあります。東京都の機関でありながら、その長である警視総監の任免（任命および免職）の権限が都知事にありません。

警視総監は、国家公安委員会が東京都公安委員会の同意を得た上で内閣総理大臣の承認を得て任免すると警察法で決められています。東京都以外の道府県警察の本部長はどうなっているかというと、国家公安委員会が道府県公安委員会の同意を得て任免します。警視総監の任免だけ、内閣総理大臣の承認が必要とされています。警視総監の特別な地位は任免に要する手続きの他に階級があります。警察官の階級には「巡査」「巡査部長」「警部補」「警部」「警視」「警視正」「警視長」「警視監」があります。両津さんで有名な「巡査長」は、実は法律で定められている階級ではありません。巡査の中で班長のような地位に立つ者の職として与えられています。

さて、ここで、警視総監はどの階級になるのでしょうか。警視総監は、階級と職名が同じ日本でただ一人の警察官なのです。東京都という自治体警察の長であるにもかかわらず、道府県警察本部とは異なり、警視監のさらに上の階級として警視総監が君臨します。では、警察庁の長官はどうなんだという疑問が浮かびます。警察庁長官も特殊な存在で、警察官でありながら階級を持たない唯一の存在です。警察庁長官は職名であって階級ではないのです。国の機関である警察庁長官のほうが警視総監より上に立つのはいうまでもありません。

テワタサナイーヌにこういった序列を1つずつ駆け上ってもらおうという魂胆です。警視総監の次は東京都の首長である都知事です。その先は警察庁長官を経て行政府の長であ

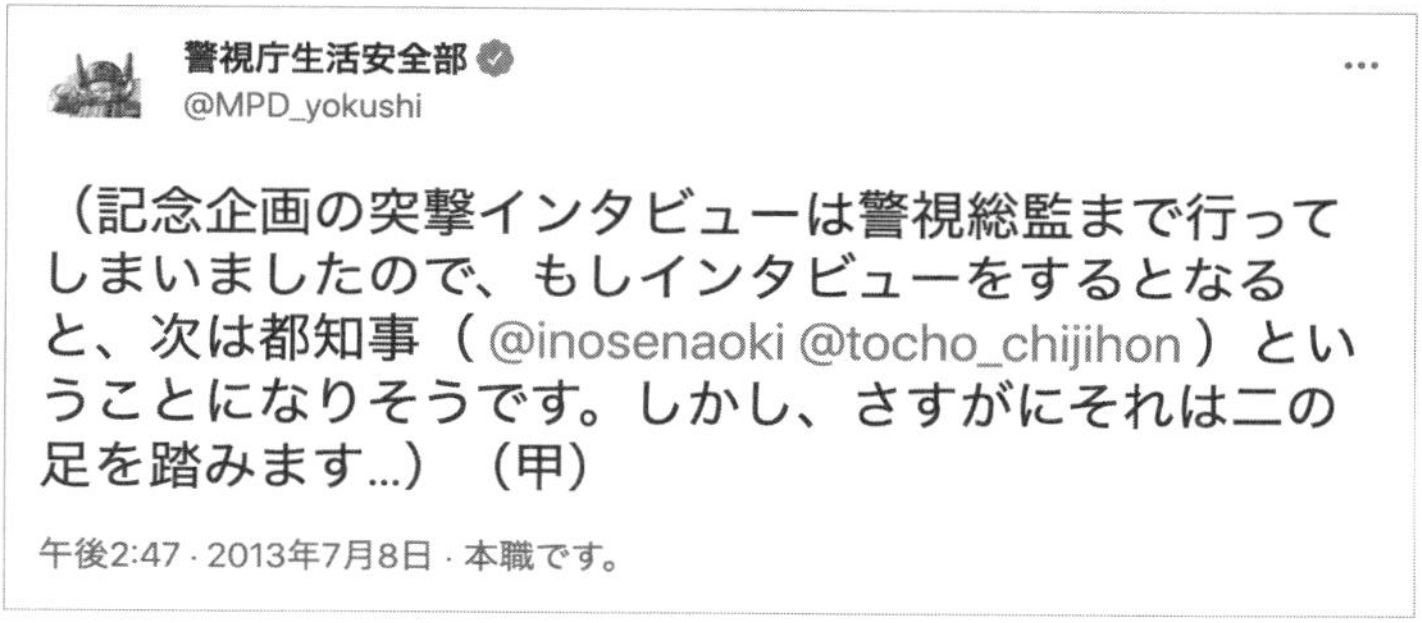
警視庁生活安全部
@MPD_yokushi

（記念企画の突撃インタビューは警視総監まで行ってしまいましたので、もしインタビューをするとなると、次は都知事（ @inosenaoki @tocho_chijihon ）ということになりそうです。しかし、さすがにそれは二の足を踏みます…）（甲）

午後2:47 · 2013年7月8日 · 本職です。

都知事に見てもらえることを期待して投稿したツイート
出典：https://twitter.com/MPD_yokushi/status/354114543850504192

る内閣総理大臣にまでたどり着こうと本気で考えていましたし、実現できると思っていました。当時の都知事は猪瀬直樹さんです。猪瀬さんは、ご自身もツイッターを使いこなしていることで有名でしたから、ツイッターでつぶやけば見てもらえるのではないかと期待しました。

そこで投稿したのが上のツイートです。このツイートを投稿してから数日後、卓上の電話が一般回線からの着信音を鳴らしました。私のデスクに一般の電話から着信があるのはそれほど多くありません。はて、誰だろうと思い受話器を取り上げます。まず話すのは警視庁の交換手です。

「東京都知事本局の方から中村さんにお電話です」

交換手は、そう告げて電話をつないでくれました。

私の顔面からさーっと血の気が引きました。思い当たることがあったからです。数日前に知事のＩＤを含めたツイートを投稿していました。一介の警察官が知事をいじるようなツイートをしたのが知事本局の目にとまり、けしからんとお叱りを受けるのだろうと思いました。知事本局から直に苦情を言われたら、警視総監のレベルで対応しなければ落とし前がつきません。とんでもないことになった、よくても部署異動、場合によっては辞職か、と事態の展開が頭の中を駆け巡ります。ちなみに、当時は「知事本局」といいましたが、その後の組織改編で「政策企画局」という名前に変更されています。

受話器を持つ手が震えそうになるのを抑えながら、「はい、犯罪抑止対策本部の中村です」と名乗りました。

「中村さんでいらっしゃいますか。こちら知事本局の秘書課です。数日前に中村さんが知事にインタビューをしたいとツイッターで書いていらっしゃったかと思います」

相手が要件を告げてきました。

（やっぱりそれか）

終わったな、と思いました。

「はい……」

弔問客が言う「この度は……」というお悔やみの言葉のようにどんどん尻すぼみに声が

小さくなっていきます。

「知事があのツイートをご覧になっていて、インタビューをお受けになるとおっしゃっています」

途端に目の前にお花畑が現れました。警視総監に謝らなければならないと思っていたほんの数秒前までの暗い気持ちが嘘のようです。その後は、上司に報告をして企画を走らせることへの了承を取り付け、秘書課と具体的な手続きの打合せを行いました。

ところが、その打合せを進めている最中、伊豆大島の三原山が噴火しました。大島は東京都なので知事が災害対策の陣頭指揮をとります。余興として行う知事インタビューなど当然のごとく保留となります。知事は、連日のように記者会見を開き状況と対応を説明していました。

そのとき、もうひとつ別のプロジェクトを走らせていました。**「特殊詐欺根絶アクションプログラム・東京」という新規事業の立ち上げです。**副本部長の発案で私に直接立ち上げの下命があったものです。

これは、企業を対象とした特殊詐欺被害防止事業で、企業の従業員にeラーニングで特殊詐欺について学んでもらおうという趣旨です。これも予算がないところからのスタートでした。eラーニングを提供するにもそのシステム開発を委託する予算がありません。そこで、私は東京都に派遣されていた間に学んだ「流用」という予算執行の方法を使ってレンタルサーバーを借りました。ただのレンタルサーバーではeラーニングが提供できませんから、eラーニングシステムを構築するために必要なLMSといわれるシステムが使えるサーバーを選定しました。そこでSQLサーバーのインストールから始めて何とかeラーニングサイトらしい形のものを試行錯誤しながら作り上げました。

eラーニングサイトができあがったことで、警視庁内の部長会議（警視総監が出席する最高の意思決定会議）の場で実演しました。これで終わりだと思っていたところ、副本部長が災害対策まっただ中の知事と半ば強引にアポをとり、説明と実演を行うことになったのです。デモ当日、知事は会見室で大島の被災状況と対策について会見を行っていました。私たちは、会見が終わった直後の10分程度の時間でデモを行う予定です。私は、知事が会見中に知事室でデモ環境を整え、すぐにでも始められるように準備しておきました。

会見を終えて部屋に戻った知事は眉間にしわを寄せ険しい表情です。これは失敗でもしようものなら怒鳴られるんじゃないかと不安になりました。デモは無事に終わり、副本部長（警視長）が手短に説明をして私たちのプレゼンは完了となりました。その後知事からコメントがあり、「これからはアプリだよ」というサジェスチョンをいただきました。私は

「確かにそうだな。でも、お金がないからアプリが作れないんですよ」と腹の中で返事をしていました。そんなことを考えていると知事が

「デモをした君、名刺をくれ」

と私に名刺を求めてきました。その場には副本部長だけでなく議会対応の責任者でもある総務部長（警視監）といった超がつく幹部も同席する中、私だけが名刺交換を求められたのです。なぜ私だけ名刺交換を求められたのかは、今もってわかりません。そのときいただいた名刺は大事に保管してあります。

三原山の噴火に伴う災害対応に引き続き金銭スキャンダルが勃発しました。そして、それがもとで猪瀬知事は辞任に追い込まれることとなります。あとは日程調整だけという段階まで進んでいた知事へのインタビュー企画は知事の辞任により霧散しました。

俺はこじれるぞ（ユーチューブ公式チャンネル開設への道）

私は、特殊詐欺の広報啓発を担当していました。しかし、正確に事務分掌を突き詰める

と広報啓発は担当外でした。そもそも広報啓発がどの担当にも割り当てられていなかったのです。メールけいしちょうの管理を担当していたこととツイッターを始めたことで、なんとなく広報啓発担当のような流れになってしまっただけです。それでも、やるからには成果を出したいものです。メールけいしちょうとツイッターだけで十分な広報啓発が行えるとは到底思えません。訴求できるチャネルをもっと増やしたいと思っていました。

海外のメディア活用状況をざっと調べてみたところ、フェイスブックを使って公開捜査を行っている例があるとわかりました。ユーチューブの活用も盛んで、警察署単位で公式チャンネルを開設して積極的に情報発信を行っているところも多数ありました。対して国内はどうかというと、警察がユーチューブの公式チャンネルを開設しているところは1つもありません。県が開設している公式チャンネルに動画を上げているところが若干ある程度です。この辺りは、「情報」に対する考え方の違いによるところが大きいように思います。日本の情報管理は「出さない」ことで守ろうとします。これに対して海外では（すべてとはいいませんが）、出してはならないもの以外は基本的に公開するという思想に基づいているように感じました。同じ「出す」にしても、海外は積極的に出していきますが、日本は求められたら最小限の情報を「渋々出す」消極的な情報発信になっています。

役所が保有している情報は、税金を使って集めたものです。つまり国民が情報の所有者だといえます。ですから、役所の恣意的な基準で抱え込むべきものではありません。法令で出してはならない、あるいは出すべきでないと明確に決められているもの以外は基本的に公開していくべきだと考えていました。役所の体質を変えていくためにも積極的に広報に打って出よう。まずは映像から手を着けていこうと決めました。

ユーチューブに犯罪抑止対策本部の公式チャンネルを開設したい。犯罪抑止対策本部内の意思決定はすんなり通りました。あっさりと企画が通ったのは、私の活動が評価されてきた……ということではなく、「まあ好きにやらせとけ」という放任に近い雰囲気だったように思います。ユーチューブに警察の公式チャンネルを開設するのは全国初です。ツイッターの利用開始と同じように警視総監の決裁が必要だろうということになりました。警視総監にたどり着くためには、いくつもの関所を突破しなければなりません。広報に関することなので広報課を経由して、広報課が所属する総務部の長である総務部長、副総監、そしてようやく警視総監に届きます。

当時の広報課長は、後に「歌う広報課長」として有名になった小笠原和美氏です。氏は、警察庁のキャリア採用で栃木県警捜査2課長や大阪府警外事課長などを歴任しています。身長が148センチと小柄であるにもかかわらず、仕事を推し進める馬力はブルドーザー並みのすごい人です。警視庁の広報課長はキャリアの出世コースともいわれていますから、将来は初の女性警視総監になるかもしれません。なぜ「歌う広報課長」という名がついたのかというと、あの大失敗だった振り込め詐欺の新名称「母さん助けて詐欺」がきっかけです。「母さん助けて詐欺」を普及させようと、広報課長が作詞・作曲して「まさかの坂道」という歌を作り自ら歌ったのです。そんな広報課長ですから、ユーチューブ活用の相談を持ち込んだところすぐに乗ってくれました。

広報課長と私は、総務部長を説得するための戦術を練るため、何度となく課長室で打合せを行いました。課長から電話で呼び出され、資料を持って広報課に駆け込むことになるわけですが、「なぜここまで詰める必要があるのだろう」と思っていました。その理由は後にわかることになります。

広報課長との打合せが整い、さあ総務部長に説明に行きましょうということになりました。説明には広報課長も同席してくれるというのでとても心強かったことを覚えています。おそらく私一人で説明に入っていたら玉砕していたと思います。総務部長室で広報課長と並んで部長に説明をしたわけですが、なかなか納得してもらえません。

「なぜ民間のサービスであるユーチューブでなければならないのか」

「警視庁のホームページ内に動画を掲載するのではダメなのか」
「民間のサービスなので突然終了するかもしれない」
総務部長からは矢継ぎ早に質問が飛んできます。広報課長と私である程度は想定問答を詰めていましたから、それほど質問の答えに窮することはないだろうと予想していました。ところが、「なぜユーチューブでなければならないのか」という問いにすぱっと答えることができません。そもそも私たちは「ユーチューブを使う」という前提で物事を考えていました。ところが、総務部長はその前提の根拠を求めてきたので私たちが返答に窮してしまったというわけです。私たちもその場でもっともらしい理由をあれこれ並べてみましたが、答えを用意していなかったのは部長にも筒抜けです。

「これ以上粘るな。俺はこじれるぞ」

総務部長が議論を打ち切りました。きちんと答えを用意して出直さないならこの案は却下すると告げられたわけです。ただ、その顔は怒っているそれではなく、どちらかというとほほ笑んでいるようにも見えました。広報課長も部長の言葉の趣旨をすぐに理解して引き下がり出直すことにしました。

結局、質問に対する答えを用意して出直したところ総務部長は気持ちよく判を押してくれました。なぜそこまで詰めたのかについて総務部長から説明はありませんでした。ですが、総務部長は議会対応の責任者でもあります。日頃、都議会で繰り広げられる質疑を知り尽くしています。議会でどんな質問が出されてもそれに答えられるようにしておけよ、そうしないとお前たちが苦労するぞ、という指導だったのです。単なる嫌がらせでなかったのは、決裁後に総務部長がユーチューブの運用にとても理解があったことからもわかりました。厳しい指導とは、こういうことなのだと身をもって学んだ一件です。

「めろちん」さんとのコラボ企画

企画やコラボのヒントはどこに転がっているかわかりません。なにげなくツイッターのタイムラインを眺めているとき、ふと目にとまったツイートからとんでもなく楽しい企画が生まれたりします。

ある日、タイムラインを流れるツイートを追っているとどなたかのＲＴで踊り手である「めろちん」さんのツイートが回ってきました。

これより少し前、私は『ピーポくんのうた』を初音ミクに歌わせて公開していました。ピーポくんは、警視庁の公式マスコットです。初音ミクに歌わせていましたが、ライセン

めろちん
@melomelochin
これ振付したい。。
もみあげチャ～シュ～：【驚愕】警視庁が公式に初音ミクを採用　「ピーポくんのうた」を公開 - ライブドアブログ
livedoor Blog
- ライブドア ブログ -
【驚愕】警視庁が公式に初音ミクを採用　「ピーポくんのうた」を公開：もみ...
1 ：以下、もみあげる名無しがお送りします：2014/03/20(木) 12:00:40.23 ID:MicHaelsA0YotTubeに警視庁公式チャンネルが開設　初音ミクによる「ピー...
michaelsan.livedoor.biz
午後3:45 · 2014年3月20日 · Twitter for Websites

めろちんさんとのコラボにつながったツイート

出典：https://twitter.com/melomelochin/status/446538044884004864

スの関係で発表時は「合成音声」と表現していましたが、すぐに初音ミクであることが特定されブログなどに書かれることとなりました。

これを聞いた踊り手のめろちんさんがオリジナルの踊りをつけたいとツイートしたのです。このツイートを見た私は、次のような連想をしました。

ピーポくんのうた
↓
振り付け（ダンス）
↓
カラーガード「ＭＥＣ」
↓
動画制作
↓
珍しい場所
↓
警視庁の屋上へリポート

警視庁生活安全部
@MPD_yokushi
（ぜひ！）（甲）RT @melomelochin: これ振付したい。。
もみあげチャ～シュ～:【驚愕】警視庁が公式に初音ミクを採用　「ピーポくんのうた」を公開 - ライブドアブログ michaelsan.livedoor.biz/archives/51824...
午後3:47 · 2014年3月20日 · TweetDeck

めろちんさんのツイートに瞬時に反応
出典：https://twitter.com/MPD_yokushi/status/446538413382971392

ここまでの連想でおそらく30秒もかかっていません。ほとんど瞬間的に企画ができあがりました。企画を通せるかどうかもわかりませんでしたが、とにかく動こうと決めました。ツイッター内で事をなそうとするなら瞬発力が必要です。時間の経過と共に話題は鮮度が落ち、陳腐化していきます。

すぐに私は引用RTで反応しました。投稿日時を見てください。めろちんさんがツイートを投稿したのは午後3時45分。その2分後には私がこのツイートを投稿しています。これは極端な例ですが、ツイッターでは**これくらいのスピード感がちょうどいい**のです。すべてにおいて上司の判断を仰がなければならない体制では絶対にできない芸当です。ツイッターの中の人に権限を与えつつ、暴走しないようにコントロールするのが上司の腕の見せ所だといえます。

めろちんさんが生配信で『ピーポくんのうた』に踊りをつけてくれました。踊りが完成しましたので、次は私が動く番です。警視庁の屋上にあるヘリポートで動画を撮影しようと考えていたわけですが、これも前例がありません。そもそもヘリポートを使わせてもらえるのかどうかさえわからない状態で走り始めていました。警視庁本部の庁舎を管理しているのは庁舎管理課(のちに組織改編で庁舎管理室)です。まずは、ここにヘリポート使用とそこでの撮影許可を取り付けなければなりません。前例がないことなので調整は難航するだろうと予想していました。ところが、意外にも庁舎管理課はあっさりと許可を出してくれました。ただ、屋上全体は庁舎管理課が管理しているものの、ヘリポートは航空隊の管理になり、撮影日にヘリコプターの運用予定がないことを確かめる必要がありました。

ロケ地の確保だけではありません。実際に踊ってもらう警視庁音楽隊のカラーガード、通称「MEC」にお願いをする必要があります。こちらはそれほど難しいことではありませんでした。初音ミクに『ピーポくんのうた』を歌わせたとき、伴奏を音楽隊の生演奏で録音させてもらっていたので、そのときに音楽隊長(藤崎凡氏)とつながりができ、お願いしやすい関係になっていました。今回のお願いをするときに気を配ったのは、踊ってもらうことそのものよりも動画を公開することでMECの皆さんの顔が知れ渡ることです。幸い、MECのメンバーは公のステージに立つ機会が多いこともあり、快く応じてくれました。

もろもろの手配や準備を整え、撮影当日を迎えました。その日は抜けるような快晴で警視庁の屋上は被写体の顔に強く影が落ちてしまうくらいでした。警視庁の屋上まで上がれるエレベーターは1基しかなく、どのエレベーターが屋上に通じているのかは公開されていません。その日参加したメンバーは私を除いた全員が警視庁の屋上に出るのは初めてということでした。まずは物珍しそうにヘリポートを歩き回り、辺りの景色を楽しんでいました。屋上からは皇居の吹上御所や国会議事堂も見下ろせます。

撮影時の様子などをめろちんさんが自身のブログに書き綴ってくれています。

ブログには、このように書かれMECとともに撮影した写真が掲載されています。

「【速報】めろちん氏遂に警視庁がからむ大事件が発生

(中略)今回の撮影はなんと警視庁本庁の屋上へリポートにて。

警察官でも滅多に入れないヘリポートということで非常に貴重な経験をさせて頂きました。」

撮影後は動画の編集作業が待っています。音楽と踊りのタイミングを合わせるのに苦労しましたが、何とか納得のいくものを作ることができました。できあがった動画をユーチューブの公式チャンネルにアップしてツイッターで報告です。

今回の撮影はなんと警視庁本庁の屋上ヘリポートにて。

警察官でも滅多に入れないヘリポートということで非常に貴重な経験をさせて頂きました。

最後にはピーポくんのぬいぐるみも頂いちゃいました！！

警視庁の屋上ヘリポートでの撮影の様子

出典：https://ameblo.jp/melomelochin7/entry-11895964253.html（めろちんブログ）

警視庁生活安全部
@MPD_yokushi

（長らくお待たせしてしまいました。フォロワー8万人記念企画に動画を製作いたしました。ニコニコ動画で活躍している踊り手のめろちん様がピーポくんのうたに踊りを付けてくれました。その踊りを警視庁音楽隊カラーガード"MEC"が踊ってみました…）（甲）

午前10:11 · 2014年7月18日 · TweetDeck

ユーチューブにアップした動画はしばらくの間ツイートのネタとして活用した

出典：https://twitter.com/MPD_yokushi/status/489940494345314304

この後も、しばらくツイートのネタとして使うことができました。

この動画を公開していた犯罪抑止対策本部の公式チャンネルは、これより後になって広報課が警視庁としての公式チャンネルを開設するのに合わせて閉鎖となりました。私は、広報課ができないことに先鞭をつけ、後に広報課に引き継ぐ考えでチャンネルを開きました。ですから、この流れはむしろ歓迎していたことでした。ところが、残念なことに広報課が開設した警視庁の公式チャンネルには犯罪抑止対策本部の動画が引き継がれることはありませんでした。

さらに残念なことが起こりました。犯罪抑止対策本部がめろちんさんの振り付けによるピーポくんダンスを公開しているのにもかかわらず、後になって某有名振付師に振り付けを依頼して別の踊りを作り、警視庁公式チャンネルで公開しました。

広報課を差し置いて目立っていた私は、広報課から嫌われていました。ユーチューブの件でも課員を介さないで課長と直にやりとりをしていたことも面白くなかったのでしょう。それでも、ここまで露骨な嫌がらせをされると少しへこみます。

ツイッターで他の部署ができないことをぐいぐい進めると、中に敵を作ることにもなります。そこをうまく調整できなかった私の落ち度でもあります。

プリキュア37人言えるか

犯罪抑止対策本部のツイッターアカウントは、特殊詐欺の被害を減らすための広報啓発を目的としています。毎日、被害の発生状況や被害防止のために心がけてほしいことなどを発信していました。ところが、地味な情報発信は話題性に乏しく、ツイッターの長所である拡散という現象に乗ることができません。だからといって警察のアカウントが事実ではない面白おかしく書いた創作をあたかも事実であるかのように発信するのはモラルに反します。ですが、一般ユーザーのツイートで啓発に使えそうなものは、内容が不適切でない限り事実であるか否かはそれほど重要ではありません。そういったツイートには積極的に乗っていくスタイルをとっていました。

そのような一般ユーザーのツイートに乗った代表的なものが左です。

このツイートは、とあるユーザーのツイートをRTした後に発言したものです。元になるツイートは、残念ながら発言主が削除してしまったため、現在ツイッターでは見ることができません。どのような発言だったのかをご紹介します。

「母ちゃんからアンタを名乗る不審な電話が掛かってきたからプリキュア37人言えるか

警視庁生活安全部
@MPD_yokushi

（プリキュアで母さん助けて詐欺が撃退できる事例。クールジャパン…）（甲）

午後1:46 · 2014年1月3日 · 本職です。

一般ユーザーのツイートでも啓発に役立つものは積極的に活用した

出典：https://twitter.com/MPD_yokushi/status/418966574821683200

聞いたら慌てて切ったよ、って…」

ツイートでは「オレオレ詐欺」とは明確に特定していませんが、内容からオレオレ詐欺の電話に関するものだと推測できます。私は、このツイートが投稿された1時間半くらい後にRTしています。ここもスピード感の勝負です。そして、RT後に

「プリキュアで母さん助けて詐欺が撃退できる事例。クールジャパン…」

とコメントしました。このコメントで先のツイートが注目を集め、いわゆるバズりの状態に突入しました。最終的に発言主のツイートは1万RTを超える当時としては破格の拡散をすることになったのです。また、そのツイートに警視庁がコメントをつけたことが話題となり、新聞などのメディアに取り上げられることとなりました。

さらに、後になってこれを知った、声優で美墨なぎさ（キュアブラック）役の本名陽子さんも

「すごいねそして、引っかからなくてよかったー。プリキュ

本名陽子😌自立型会話ロボットロミィ（音声データ）
@honnayoko

母親が機転をきかせてオレオレ詐欺を撃退！それもプリキュアで！

みんなご存知かもしれないこのニュース。すごいね✨
そして、引っかからなくてよかったー。プリキュアはみんなの味方です✌️

警視庁、『母さん助けて詐欺』の撃退事例紹介―機転を利かせた母「プリキュ...
警視庁は1月3日、『母さん助けて詐欺』（別名：オレオレ詐欺）について、効果的な撃退事例があるとして公式Twitterを通じ紹介している。【画像付きの元...
news.nicovideo.jp

午後4:23 · 2014年1月7日 · Twitter for iPhone

プリキュアの声優も自身のアカウントで取り上げてくれた
出典：https://twitter.com/honnayoko/status/420455711458336768

アはみんなの味方です」

とツイートしています。

　このように、まったく縁がないようなアニメ作品を媒介にして特殊詐欺に関する認識が一気に広まりました。警察だから特定の作品や商品を取り上げるのはよくないといった考え方もあるでしょう。**しかし、現実には特定の作品や商品、サービスを取り上げてもまったく批判を受けることがありませんでした。**自分たちの狭い考えで足枷をはめてしまっていることが往々にしてあるのです。

ツイッターとユーチューブを連携させた公開捜査を実現

「俺はこじれるぞ」を乗り越えて開設したユーチューブの公式チャンネルには、当初から特殊詐欺の広報啓発以外の使い道を考えていました。開設の検討段階で海外警察のSNSの活用状況を調べました。その中にフェイスブックを使った公開捜査を行っているところがあると知り、日本でも**SNSで公開捜査をやりたい**と思っていたのです。

日本での公開捜査というと、テレビ番組の中で犯人に関する情報を流し、視聴者に情報提供を求めるものが思い出されます。これはテレビ局の企画に応じて警察が情報を提供しているもので、いわば消極的な公開捜査です。私がやりたかったのは警察が自ら積極的に犯人に関する情報を発信して、ＳＮＳでの拡散と市民の目で犯人を追い詰めていく公開捜査でした。

具体的には、ユーチューブで犯人が写っている動画や写真を公開して、それを犯罪抑止対策本部のツイッターでも紹介するというものです。公開捜査の対象とする罪種は何でもよかったのですが、手始めは特殊詐欺が事務分掌的にも親和性が高いので、これでいこうと考えました。

指名手配などの公開捜査を主管しているのは刑事部の捜査共助課です。私は、単身、捜査共助課に乗り込み、指名手配の担当者と折衝を行いました。担当者も趣旨には賛同してくれましたが、若干の懸念を示しました。それは次のようなことです。

- 犯人が少年であった場合、少年の保護という少年法の目的に反する可能性がある
- 一度ネットに公開したものは、原本を削除してもどこかに残ってしまう

警視庁生活安全部
@MPD_yokushi

.@MPD_keiji （本職も期待いたします…）（甲）RT .@ib_pata: 誰でも考えることだろうが、ﾀｲｰﾎしたら「逮捕なう」とやってほしい
RT .@nikkei: ツイッターで公開捜査　警視庁、容疑者画像など掲載

ツイッターで公開捜査　警視庁、容疑者画像など掲載
警視庁刑事部は28日、「公開捜査」をアカウント名とする短文投稿サイト「ツイッター」の運用を始めた。強盗や振り…
nikkei.com

午後3:45 · 2014年5月28日 · TweetDeck

ツイッターでの公開捜査は話題を呼んだ
出典：https://twitter.com/MPD_yokushi/status/471542783300235264

この2点が懸案事項として示されました。どちらももっともな懸念でした。犯人にも人権があります。しかし、警察は犯人の人権だけを保護していればよいわけではありません。刑法犯には被害者がいます。警察は被害者の救済も行わなければならないのです。どちらか一方の立場に偏るわけにはいきません。最終的に、右のようなリスクは許容されるべきものだという認識で一致し、ユーチューブとツイッターを使った公開捜査を開始することになりました。そして、刑事部でもツイッターアカウントを立ち上げ、犯罪抑止対策本部と協力しながら公開捜査を進める体制をとることが決まりました。

公開捜査の威力は絶大でした。公開された映像を見た家族や職場の人に指摘され、あるいは映像を見た犯人が逃げ切れないと観念して自ら出頭してくるようになったのです。警察としては、犯人を捜すことにリソースを割かずに済み、他の捜査に力を向けることができるようになったわけです。

Digi Police誕生秘話

猪瀬知事が金銭スキャンダルにより辞任したことでテワタサナイーヌを知事室に突撃させる計画は頓挫《とんざ》しました。猪瀬さんの辞任後、２０１４年2月に舛添要一さんが都知事に就任しました。

舛添知事就任の翌年、東京都が次年度の予算編成を進めている9月のとある夕方、私と上司が副本部長室に呼ばれました。副本部長室に入ると副本部長が何の前振りもなく用件の説明を始めました。

「今日の午前中、知事から『予算を5千万円つけるから特殊詐欺対策をやれ』と警視庁に下命があったそうだ。それで、特殊詐欺対策なら犯罪抑止対策本部だろうということで、つい先ほどうちに命が下った。そこでだ……」

副本部長の視線が私に向けられました。思わず私は背筋を伸ばして次の言葉を待つ姿勢を作っていました。

「中村さん、企画を考えるのが得意だと思います。何かアイデアはありませんか？」

なるほど、それで私が呼ばれたわけか。私はあてにされたことがうれしく、顔面が紅潮してくるのを感じました。そのときです。

「これからはアプリだよ」

という猪瀬知事の言葉が頭に蘇りました。

「アプリを作りましょう。振り込め詐欺をメインにした防犯アプリがいいと思います」

私は自信を持って副本部長の問いに復命しました。

「アプリですか、いいですね。アプリで5千万円すべて使い切りますか？」

アプリの制作に5千万円全額を使い切っても構いませんでした。しかし、アプリの制作は、後々の保守費用を除けば1回で終わってしまう事業です。それではもったいない。そのときは、特殊詐欺の広報啓発という予算項目はありませんでした。この機会に広報啓発として継続的に予算を確保できるようにしたいと考えました。

「現在、広報啓発の予算がありません。この5千万円を使って広報啓発の予算を組み、次年度以降も継続できるようにしたいと思います」

そうはいったものの、具体的な案があったわけではありません。予算が欲しいなあと思って言ってみた、という程度の軽い気持ちでした。

「わかった。そうしよう」

何の質疑もなく決まってしまいました。

「ついては、だ」

副本部長が思わせぶりな言い方でまたこちらを見ます。

「明日までに予算書を都に提出しろという指示だ」

私の目が点になりました。この話をしているのは、もう少しで退庁時間になろうかという夕方です。そこから予算書を作り始めて明日までに提出というのは、どう考えても無茶です。無茶だとは思いましたが、都に派遣されている間に予算書も書いていましたし、何がどの予算科目になるのかはわかっていたので体裁と内容は満たせる自信がありました。問題は時間です。打合せが終わり次第、よーいどん！　で作業に取りかかり始め、翌朝までに書き上げられるかどうかの勝負になりました。

私は俄然やる気が出ました。下命が無茶であればあるほど燃えるという、いわばドM的な性格なのです。

もちろん、翌朝まで徹夜で予算書を書き上げました。予算に盛り込んだ事業は大きく分けて2つです。ひとつが防犯アプリの制作と、そのシステムをメールけいしちょうと一体化させ、オープンデータに対応できるようにすることです。さらに、それまでメールけいしちょうのシステムは庁内にオンプレミスで専用のハードウエアにより構築をしていました。機器のリース代と保守費用だけでもばかにならない金額がかかっていました。私は、これをクラウドに置き換え、防犯アプリと一体のシステムにしようと計画しました。

当時、警視庁はまだクラウドを使っていませんでした。規程上はクラウドの使用を禁止してはいないものの、どこもクラウドを使おうとしていない状態でした。情報セキュリティを統括する情報管理課に問い合わせたところ、「クラウドの利用を禁止してはいない。ただ、検討しなければならない事項がかなりある」との回答でした。私は「禁止されていないんですね。では使いますから何をクリアすればいいのか教えてください」と返してクラウド利用に向けた動きを決めてしまいました。

予算のもうひとつの柱は広報啓発です。それまで、犯罪抑止対策本部には予算そのものがつけられておらず、生活安全部の予算から分けてもらっている状態でした。それを犯罪抑止対策本部独自で予算をつけてもらおうというものです。広報啓発といってもやることは多岐にわたります。個別に予算を組んでおくのは大変です。そこで、「特殊詐欺被害防止広報啓発活動総合プロデュース業務委託」という委託料１本でいける予算を組んだのです。

他にも仕事を進める環境を整備するための予算をいくつか組み込み、予算書を提出しました。その予算は、知事裁定により修正なしで認められました。特殊詐欺被害防止広報啓発活動総合プロデュース業務委託予算は、金額を増やし今でも続いています。

超ニコニ交番開設

２０１３年６月４日、サッカー日本代表が２０１４ＦＩＦＡワールドカップ出場を決めた夜、渋谷駅前で大勢のサポーターをユーモアある広報で見事に誘導した警視庁機動隊員がいました。この機動隊員のことをツイッターのあるアカウントが「ＤＪポリス」と呼んだことから、この呼称が一大ムーブメントとなり、その後も機動隊の広報係員がＤＪポリスと呼ばれ続けています。これだけ盛り上がっている話題に私が反応しないはずがありません。

私はテキストで勝負するツイッターの中の人ですが、あちらは話術で群衆を誘導します。

やり方は違えども、どちらも人に共感を覚えさせることで話を聞いてもらおうという考え方は共通しています。そういう意味で仲良くなれるような気がするとツイートしました。

しかし、これだけで終わらせるのはもったいないです。私のところにはテワタサナイーヌというツールがあります。これまで副総監や警視総監に突撃インタビューを敢行してきた彼女を放っておくはずがありません。私は、すぐに機動隊を管理する警備部警備第一課とDJポリスが所属する第九機動隊へアポ取りのため突撃しました。DJポリス本人の顔出しはNGとなりましたが、テワタサナイーヌによるインタビュー自体は実施できることになりました。

渋谷のスクランブル交差点でDJポリスが爆誕したのが6月4日です。その8日後の6月12日には、テワタサナイーヌが第九機動隊のDJポリスに突撃しています。ここでもやはりスピード感が、話題の鮮度を落とさないスパイスとして効いています。

このときのテワタサナイーヌに対して、手がごついから男性ではないかという疑惑が持ち上がりました。確かに男性用の腕時計もしていました。ですが、それは仕事の性格上しっかりした作りのものを選択していただけです。テワタサナイーヌの中に入っていただいた方の名誉のためにも断言しますが、中の人は女性です。

これだけでＤＪポリスを手放す私ではありません。翌年の４月、幕張メッセで開催された**ニコニコ超会議の場に指揮官車ごとＤＪポリスを引っ張り出しました。**警察が警備以外でニコニコ超会議に関わるのはこれが初めてです。

まず機動隊の指揮官車をメインとなる出入口のすぐ近くに置かせてもらいました。そして、開場時間になりシャッターが開くと同時に参加者が一斉に駆け出すタイミングに合わせて指揮官車の上からＤＪポリスが安全を呼びかけるマイクパフォーマンスを行う趣向です。この企画が多数のマスコミに取り上げられ、広告換算値数億円相当の効果があったと報告を受けています。

さらに翌年は、3月から防犯アプリ「Digi Police」の運用を開始していました。このアプリのプロモーションを行うために再度ニコニコ超会議に出展しています。その年は、千葉県警と神奈川県警も誘って合同で出展する形をとり、警視庁からは大型のタッチパネルで防犯アプリ「Digi Police」の体験コーナーを、千葉県警と神奈川県警はサイバー犯罪の被害防止啓発を行うことになりました。その他、千葉県警からは機動隊の装備品を提供してもらい、これを試着してもらうコーナーを作りました。

警視庁生活安全部
@MPD_yokushi

（渋谷で活躍した機動隊のDJポリスとは、お友達になれそうな気がします…）（甲）

午後1:55 · 2013年6月5日 · 本職です。

DJ ポリスにも素早く反応
出典：https://twitter.com/MPD_yokushi/status/342142566562660352

警視庁生活安全部
@MPD_yokushi

みなさん！今回は、なんとあの「ＤＪポリス」に突撃インタビューをします！私はいま、ＤＪポリスが所属する第九機動隊の前に来ています。これからＤＪポリスの会いに行ってきます。

午後0:24 · 2013年6月12日 · Twitter Web Client

テワタサナイーヌは DJ ポリスにもインタビューを行った
出典：https://twitter.com/MPD_yokushi/status/344656504504324098

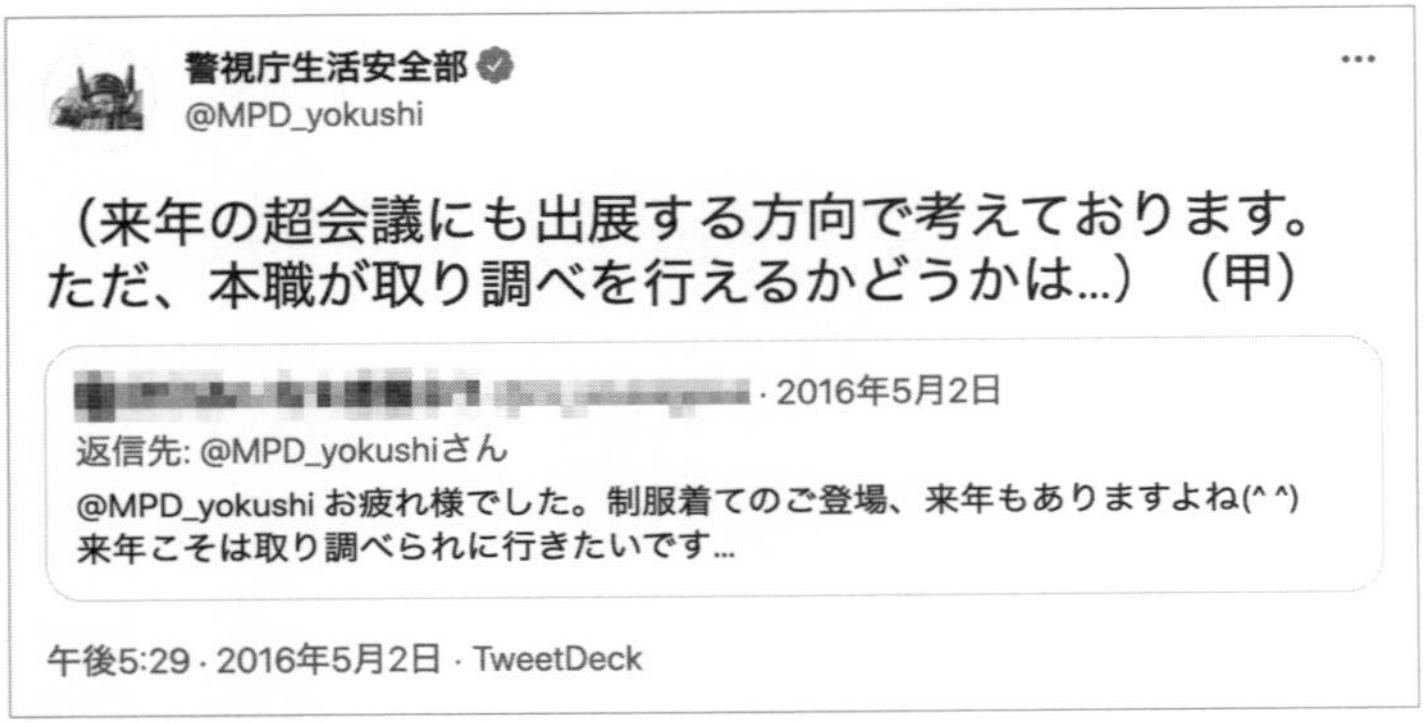

警視庁生活安全部
@MPD_yokushi

（来年の超会議にも出展する方向で考えております。ただ、本職が取り調べを行えるかどうかは…）（甲）

[redacted] · 2016年5月2日
返信先: @MPD_yokushiさん
@MPD_yokushi お疲れ様でした。制服着てのご登場、来年もありますよね(^ ^)
来年こそは取り調べられに行きたいです…

午後5:29 · 2016年5月2日 · TweetDeck

ニコニコ超会議にも出展した
出典：https://twitter.com/MPD_yokushi/status/727052492714831872

この年のニコニコ超会議もとても盛り上がりました。広報は、待っているだけではまったく効果が上がりません。**普段接しないような層の中に自分から飛び込んでいくことで裾野を広げることができるのだと実感したイベントでした。**ただ、その年の9月には私が犯罪抑止対策本部から異動することが決定していましたので、翌年のニコニコ超会議にスタッフとして関わることができないとわかっていました。ですから、2日間のイベントを終えた後は、しばらく寂しさが残りました。

翌年のニコニコ超会議にスタッフとして関わることができなくても道筋をつけて去ることはできます。翌年は、白黒のパトカーと覆面パトカーをいわゆる「痛車」に仕立てて展示しようと考えました。その計画を立て、後任に引き継いだとしてもそれを実現してくれるかどうかわかりません。

わからないというより、おそらく実現できないでしょう。そこで、超会議が終わり実施結果の報告を行うときに翌年の計画も提示して書面で意思決定を取り付けました。痛車のベースとなる白黒パトカーや覆面パトカーの貸し出しも手配して、カッティングシートの施工業者とも打合せを済ませました。もちろん主催者にも次回も出展の意向があることを伝えておきました。ここまでお膳立てをしておけば翌年もニコニコ超会議に出展できるはずです。

ところが、予定は未定とよくいわれるように、翌年のニコニコ超会議への出展がなくなってしまいました。計画の立案者である私と意思決定をした副本部長が二人とも異動となり、その後で「やらない」という判断がなされたようです。

この決定はとても残念でした。確かにニコニコ超会議そのものはお祭りで遊びの要素が強いです。そこに出展したからといって警察として何か得るものがあるのかと問われれば「あまり多くの効果はありません」としか答えられないのも事実です。しかし、私がやってきた啓発は、犯罪被害を直接減らすものではなく、長期的に効果が現れる意識づけです。医療にたとえるなら、患部に直接介入する西洋医学が警察の伝統的な防犯対策です。これに対して私がやろうとしてきたことは、病気を直接治すことよりも体質改善により病気を防ごうという漢方の思想に近いものがあります。今すぐに効果は現れませんが、若い人もいずれ高齢者になります。そのとき特殊詐欺の被害に遭わないよう、今のうちから特殊詐欺について知ってもらい、犯罪に強い高齢者になってほしいという願いです。

アニメ『けものフレンズ』とのコラボを実現

２０１６年のニコニコ超会議を最後の大仕事として、その年の9月に私は犯罪抑止対策本部を去りました。本来であれば、4月には異動する期限を迎えていたのですが、防犯アプリ「Digi Police」がリリースされたばかりで、そのプロモーションが私以外ではできないという理由で、半年間だけオーバーステイすることが認められたのです。そのおかげでニコニコ超会議にも出展者として参加することができました。

犯罪抑止対策本部からの異動先は向島警察署生活安全課長代理です。お恥ずかしいことを告白すると、警部として犯罪抑止対策本部に配属された人は全員管理職に昇任して警察署の課長として栄転していきます。私が初めて管理職にならずに異動した警部となりました。警察人生の間、いろいろと初めてのことをやってきましたが、これは誇れない「初めて」です。犯罪抑止対策本部では、誰もなし得なかったことを立て続けに実現してきました。実績だけなら申し分ない働きをしたと自負しています。しかし、管理職になるためには、実績評価よりも人物評価が重視されます。ですから、この結果には納得するしかありません。

管理職になれずに異動したのは自分の実力のなさで、誰を恨むこともできません。しかし、このまま終わってしまうのは悔しいという思いがありました。警察署で本部ができないことをやってやるとの決意を胸に異動しました。

その頃は、アニメ『けものフレンズ』が人気を博していました。私もアニメの最終回を観て「かばんちゃーん！」と涙したものです。『けものフレンズ』は、動物がフレンズ化という人型になった世界でのお話です。けものがモチーフになっているということは、半獣半人のテワタサナイーヌと親和性が高いだろうと思いつきました。

早速、私はアニメの制作委員会にコンタクトをとり、コラボ企画の提案を行いました。代理店を通じて提案したほうがスムーズに事が運べることはわかっています。しかし、警察署にそのような予算はありません。警察署で自由に使えるお金はほとんどないといっていいくらい予算が割かれていません。予算も渡さないのに、やれイベントをやれキャンペーンも張れと本部は言います。まったく無茶な話です。ですから、私が直接制作委員会に乗り込んで営業をかけてきました。

提案を断られたところで失うものは何もありません。そもそもお金もないのに提案するほうが図々しいわけですから、お叱りを受けても文句を言えません。平身低頭お願いしたところ、ふびんに思ったのかキャラクターの利用を許可してもらうことができました。それればかりか、こちらの意図する内容でデザインまでしてくれるというのです。これは本当にありがたかったです。先方としては、素人のデザインで作品の世界観を壊されるよりは、自分たちでデザインしたほうが安心という考えがあったのかもしれません。いずれにせよ、**『けものフレンズ』とテワタサナイーヌのコラボが成立した**のです。

警視庁は、管内の警察署にツイッターアカウントがありません。何度か広報課に警察署でツイッターアカウントを開かせてほしいと要請しましたが、警察署にはツイッターを使わせないと一蹴されています。なぜかと理由を聞くと「警察署がそれぞればらばらなことを発信すると混乱するから」とのことでした。

警察署にアカウントがありませんから、警察署が何かツイッターで発信したいときは広報課に依頼して広報課のアカウントから出してもらうことになっています。

そこで投稿したのが次ページのツイートです。このツイートは、投稿した直後から大き

『けものフレンズ』とテワタサナイーヌはコラボした

出典：https://twitter.com/MPD_koho/status/861422962649423872

な反響がありました。頒布用に作った名刺サイズのカードを署にもらいに来る人が後を絶ちません。ツイートも２万７千ＲＴまで伸びています。広報課のツイートでＲＴが２万を超えているものはこの１件しかありません。実は、２万はおろかこのツイートの次にＲＴが多いものでは一気に約５千ＲＴまで下がります。

いかにこのコラボの反響が大きかったのかがよくわかります。

待っていて向こうからオファーが来るほどのビッグネームでもない限り、何かとコラボしたいのであれば、積極的に動いて働きかけるしかありません。提案してみてダメでもともとです。でも、動かなければ絶対に結果は出ません。

第4章のまとめ

- 振り込め詐欺新名称「母さん助けて詐欺」は失敗だった
- 警察官にネーミングセンスを期待してはいけない
- アンチに見えても実はそうではない人もいる
- ただの嫌がらせと厳しい指導は見分けが難しい
- コラボ誘発はスピード感重視
- どうせやるなら誰もやっていない企画
- ユーザーの発言にも積極的に乗っていくことで拡散が期待できる

第5章

ツイッターについて思うこと

ツイッターは中村のメディアだ

アカウント運用を開始してしばらく後、中の人が引退宣言をしました。ところが、中3日という驚異的なスピードで中の人は復帰を遂げています。これは、復帰を望んでくれたツイッターユーザーの声が大きな支えとなっています。

改正ポリシー案と副総監通達案を作り上げた翌日、副本部長室で再開の可否を議題とする会議が開かれました。私が各案の説明をすると、副本部長は「わかった。再開しよう」と即断してくれました。おそらく、すでに再開の腹は決まっていて、決裁が上がってくるのを待っていたのでしょう。その後、副本部長からおそらく生涯忘れないだろうと思う発言がありました。そのことを再開後にツイッターで報告しています。2013年3月13日のことです。

副本部長は、理事官以下の幹部を前にしてこう宣言しました。

「ツイッターは公のアカウントであっても中村さんのメディアだと思っている。ただし、担当者個人に責任は負わせない。担当者が代わって後を継ぐ人がいなければやめてしまってもいい」

アカウント再開後に投稿した一連のツイート

警視庁生活安全部
@MPD_yokushi

（お昼の時間をお借りして、少し真面目なことをつぶやきます…）（甲）

午後0:15 · 2013年3月13日 · 本職です。

出典：https://twitter.com/MPD_yokushi/status/311676922797096960

警視庁生活安全部
@MPD_yokushi

【休止から再開の経緯】先週、本職のつぶやきを休止すると宣言し、４日後に再開するというめまぐるしい動きをいたしました。この動きにより多くの方にご心配やご不便をおかけしたことをお詫びいたします。担当として休止から再開までの経緯を明らかにする必要があると考えました。（続く）

午後0:22 · 2013年3月13日 · 本職です。

出典：https://twitter.com/MPD_yokushi/status/311678507560353794

警視庁生活安全部
@MPD_yokushi

続き）ツイッターをはじめとするSNSを広報媒体として活用するということは、従来、想定されていないものでした。したがって、それに対応した規程やルールが存在せず、どこまで許されるのか手探りで進む毎日でした。（続く）

午後0:23 · 2013年3月13日 · 本職です。

出典：https://twitter.com/MPD_yokushi/status/311678767460413442

警視庁生活安全部
@MPD_yokushi

続き）本職のつぶやきは、従来の警察広報スタイルから見れば「公の媒体で個人的な発言をするなどけしからん」ということになります。そして、そのような批判が内外から出ていたことも事実です。その批判に答えることができるルールを私たちが持っておりませんでした。（続く）

午後0:24 · 2013年3月13日 · 本職です。

出典：https://twitter.com/MPD_yokushi/status/311679110780948481

警視庁生活安全部
@MPD_yokushi

続き）そのため、ルールのない状態で本職のつぶやきを継続することは妥当でないという判断に至り、休止のお知らせを行うこととなった次第です。休止の伺いを立てた際、上司から告げられた言葉が本職に再開を決意させる大きな力となりました。（続く）

午後0:25 · 2013年3月13日 · 本職です。

出典：https://twitter.com/MPD_yokushi/status/311679483386142720

警視庁生活安全部
@MPD_yokushi

続き）「ひとりで辛い思いをさせてすまなかった。」これが上司の言葉でした。この人は分かってくれている。この人の下でならまだやれる。そう思いました。また、休止を宣言してから、再開を望むリプライやメールが多数寄せられました。これで本職の腹は決まりました。再開する、と。（続く）

午後0:27 · 2013年3月13日 · 本職です。

出典：https://twitter.com/MPD_yokushi/status/311679780212854784

警視庁生活安全部
@MPD_yokushi

続き）再開に向けた検討会での上司の発言です。「ツイッターは公のアカウントであっても担当者個人のメディアだと思っている。ただし、担当者個人に責任は負わせない。担当者が代わって後を継ぐ人がいなければやめてしまってもいい。」これは至言だと思います。（続く）

午後0:28 · 2013年3月13日 · 本職です。

出典：https://twitter.com/MPD_yokushi/status/311680113613885442

警視庁生活安全部
@MPD_yokushi

続き）そして、副総監の決裁を受けツイッターの運用に関するルールを定め、運用ポリシーを変更することができました。運用ポリシーには、本職のつぶやきに関することが明示されております。ツイッターの即時性と機動性を活かすため、モバイル環境からのつぶやきも可能となりました。（終）

午後0:29 · 2013年3月13日 · 本職です。

出典：https://twitter.com/MPD_yokushi/status/311680461476884480

理事官という職は、警視庁の中では所属長級にあたります。多くは、警視庁本部の課長に次ぐナンバー2のポジションです。ここの次は、どこかの警察署長に栄転が約束されています。

中の人のツイートを一時的にやめたときに言われた「一人でつらい思いをさせてすまなかった」という発言とあわせて、この発言で私は副本部長のファンになりました。

組織の上位に立つ者が、これくらいの覚悟で担当者に任せてくれるとツイッターの運用は格段にやりやすくなります。心配がないわけではないはずです。ですが、そこは**担当者を信じて任せきる**。そして、**責任は個人に負わせない**。

警察や軍隊のように個人の能力がコモディティ（代替可能なもの）化しているような組織では、個人に判断を委ねず上司が事細かに介入し指揮をとるのが一般的です。また、大きな部隊を動かすためにはそのほうが理にかなっています。こういったマイクロマネジメントは、部下に判断を委ねないため上司は余計な心配をしなくて済みます。また、部下も自分で判断する必要がないわけですから、言われたことだけをやっていればよく、こちらもまた気楽なものです。ところが、新規事業やクリエイティブな事業を展開しようとすると、マイクロマネジメントでは仕事が進まなくなります。上司が事細かに介入するため、最後は誰の仕事なのかわからなくなります。

ただ、ここに落とし穴があります。ツイッターの運用が属人的なスキルで組織的に管理することが難しいことを理解して担当者に任せることにしたとします。初めのうちは担当者もおそるおそる運用していますが、徐々に慣れてきます。慣れてくると自信がつくと同時に慢心も起こります。フォロワーが増え人気が出てくると、それが自分に対する評価であると思うようになります。公式アカウントを通した中の人に人気が集まっているのであって、担当者個人の人格や能力が特段優れているわけではありません。ともすると自分のやり方が絶対に正しいと勘違いを起こし周囲の意見を聞き入れない「オレ様化」が進みます。これは、ある程度人気のあるアカウントに育ってくると必ず経験します。誰でもです。オレ様化すると怖いものがなくなります。自分のセンスに従えば何を言っても受け入れられると思うようになります。そこで自分のオレ様化を認め謙虚さを取り戻せるか、独善性を強めてしまうかが炎上するしないの分水嶺になることもあります。

オレ様化を自分で確かめるひとつのタイミングは、**ツイートを投稿するときに怖さがなくなったとき**です。組織の看板を背負って個人的な発言をすることを怖がらない鈍感さが必要だと前に書きました。それと矛盾するようですが、発言するという行為を怖がらないのと、発言内容に対する怖さを感じないことは別ものです。

どんなに多くのフォロワーを擁しようと、ツイートを投稿する瞬間まで「このツイートをネットの海に放流していいのか」と怖がる必要があります。このときの怖さですが、所属している業界や組織内で通用している常識に照らし合わせてはいけません。「○○の常識は世間の非常識」と言われることがよくあります。**「このツイートは、うちの基準では大丈夫だが一般の基準ではどうだろうか」と繰り返し自問することです。**自問した結果、少しでも不安を感じたら投稿をやめるべきです。あるいは、周囲に相談して意見を求めるのも有効なやり方です。繰り返しますが、本当に問題なのは、今いったような不安を感じないことです。私は、中の人であった間、何度も投稿直前でキャンセルをしています。一度や二度ではありません。

特に気をつけたいのは、**お気に入りの企画やフォロワーとのやりとりが楽しくて気分が高揚しているとき**です。中の人を経験したことがある人ならわかると思いますが、こういったときの投稿は普段よりペースが速く、あまりよく考えずに次から次へと投稿しているはずです。アクセルを踏み込みブレーキが利かなくなっているわけです。これはとても危ない状態です。楽しいときこそ自分を落ち着かせる必要があります。

私が自分でこの状態になっているかどうかを判断する基準は、**ツイッターを眺めている**

とき笑顔になっているかどうかです。基本的に私は自分を盛り上げすぎないようにするため、いかにも面白くなさそうな顔でタイムラインを追っています。ところが、調子に乗って楽しくなってくると、いつの間にか笑顔になっていることがあります。そうなったら黄色信号が点灯したと自分で判断します。いったん、タイムラインを離れ、気持ちを落ち着かせます。

ツイッターは担当者個人のメディアではありますが、個人アカウントではないのです。

ネガティブな意見をポジティブに変換

警察と関わる経験は、通常あまりいい気分がしないことが多いです。交通違反の取締り、職務質問などは気分が悪いことの筆頭でしょう。何かの犯罪被害に遭って被害届を出すのも決してありがたい経験ではありません。私はすでに退職してしまいましたが、現職当時でも勤務外で制服警察官の姿を見ると、何もしていないのに変にどきどきしてしまうものでした。特に車を運転中に白バイなど見ようものなら、自分のシートベルトや速度を確認してしまいます。

この中でも職務質問が一番気分を害する経験になるのではないでしょうか。交通違反は、弁解は別として本心では違反をしたことがわかっているので、まあ仕方ないと思える部分もあります。標識や標示を見落とした違反も不満はあれど諦めがつくと思います。しかし、職務質問は事情が異なります。持っていてはいけないものを持っているとか、何か後ろめたいことがある場合は別ですが、そういったことはあまりありません。ほとんどが何も悪いことはしていないのに警察官に声を掛けられます。

幸いなことに、私は検問で車を停められたことはあっても警察官から職務質問を受けたことはありません。なぜここで「警察官から」とわかりきったことを書いたのかというと、警察官ではない人から職務質問を受けたことがあるからです。警察官ではないので職務質問とはいわないのですが、質問を受けたときの状況とその質問内容から職務質問だなと思ったからです。

もうかなり前のことです。とある駅近くの商業地域に車を停め、料理教室に行っていた妻の帰りを待っていました。そのすぐ近くに暴力団事務所があり、ヤクザ者がちょくちょく出入りしているのは知っていました。車を停めてしばらく経ったときです。組事務所が入っているビルから一見してヤクザ者とわかる男が出てきて私のほうに近づいてきました。

そして、男は私が乗っている運転席の窓を軽くノックしました。組の前に車を停めるなとでも言われるのかと思いながら窓を開けると、

「おたく、ヤクザ屋さん？」

と質問されました。ヤクザ者に質問されたのも驚きでしたが、質問の内容が「ド」がつくくらいのストレートさで呆気にとられ「はい？」と素っ頓狂な返事をしてしまいました。すぐに気を取り直して「いやいや、違いますよ」と苦笑しながら答えたところ、ヤクザ者は「ふーん」といった顔をして事務所に戻っていきました。

後にも先にもヤクザ者から逆職務質問を受けたのはこの1回だけです。私の場合は、職務質問を受けたのが警察官ではなくヤクザ者だったので笑い話で済みますが、警察官から職務質問を受けたら、あまりいい気分はしないだろうと想像できます。中には頻繁に職務質問を受けてうんざりしている人もいらっしゃるかもしれません。確かに警察官として声を掛けたくなる風体や動作をしている場合は、どうしても声を掛けてしまいます。むしろ、声を掛けないほうが警察官の職務に忠実ではないといえます。たとえは適切でないかもしれませんが、狩りをしない猟犬は役に立たないのです。

ツイッターでは、「オレオレ詐欺」や「振り込め詐欺」といった言葉で常時検索をかけて

いました。その検索結果に「旅行先でオレオレ詐欺の受け子と間違われて職務質問された」といったツイートが表れました。そのツイートの文面から、職務質問を受けたことに不快感は抱いていないように思えました。しかし、職務質問はうれしいものではありません。まして旅先で職務質問を受けたとなると、楽しい気分を害される可能性もあります。

しかし、ここで職務質問をしたことについて謝るのは妥当ではありません。職務質問当時の具体的な状況がわからないのに警視庁の公式アカウントが謝ってしまうと、その職務質問が不適切なものだったとアナウンスするようなものです。そこで、普通に生活していればめったに職務質問を受けることがないことを使って正反対の意味にひっくり返そうと思いました。

めったにない　↓　職務質問された　↓　ラッキー

という多少強引な流れです。

まずは「職務質問へのご協力ありがとうございました」と謝意を表します。これは、このツイートに対してだけやっていたことではありません。落とし物を警察署や交番に届けたとツイートしてくれた人にもお礼の引用RTを投稿していました。常時やっているエゴサーチで抽出されたツイートに反応するだけの簡単なお仕事です。ですが、相手の人にはは強烈なインパクトを与えることができます。これは、大きな組織や企業であればあるほど

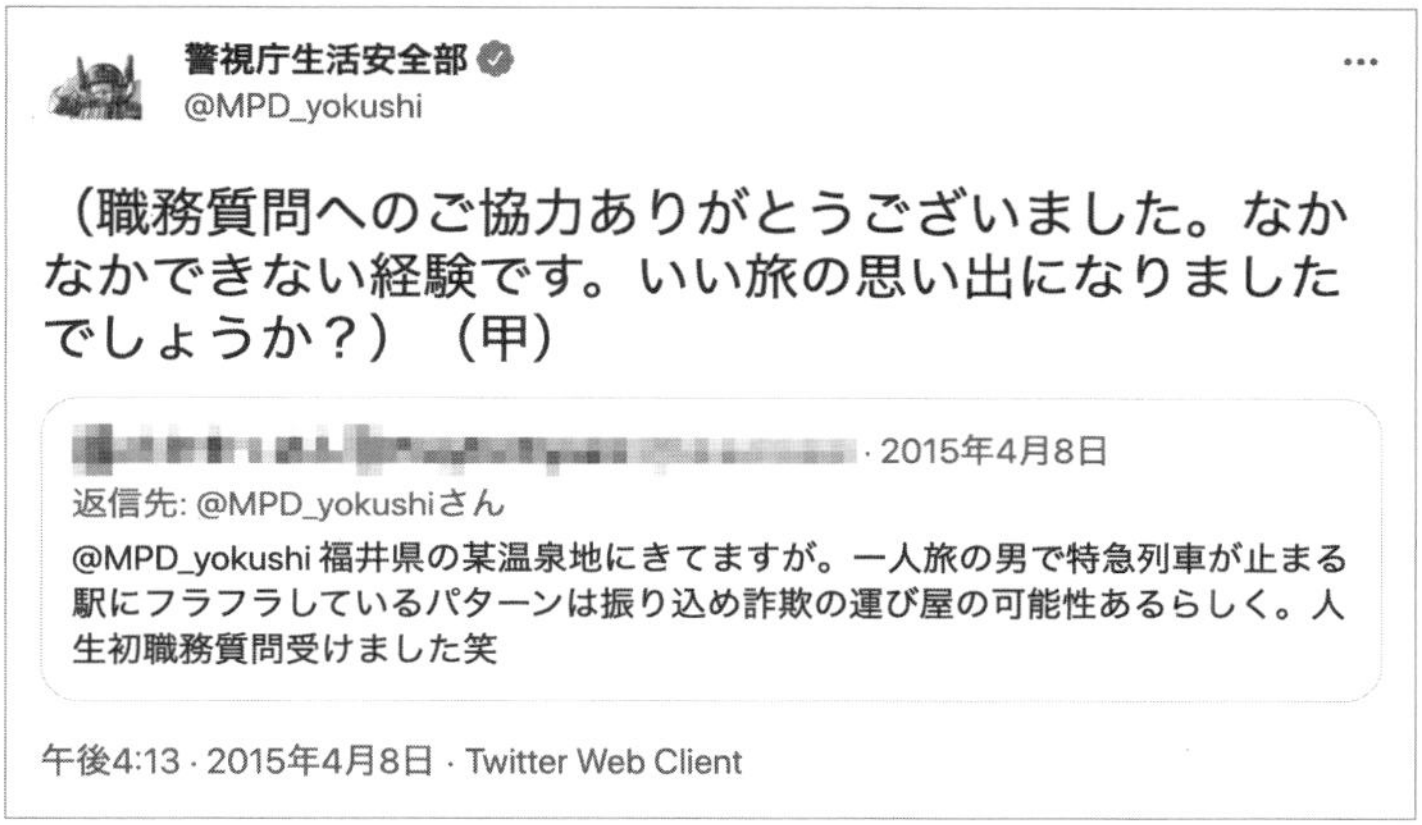
警視庁生活安全部
@MPD_yokushi

（職務質問へのご協力ありがとうございました。なかなかできない経験です。いい旅の思い出になりましたでしょうか？）（甲）

· 2015年4月8日
返信先: @MPD_yokushiさん
@MPD_yokushi 福井県の某温泉地にきてますが。一人旅の男で特急列車が止まる駅にフラフラしているパターンは振り込め詐欺の運び屋の可能性あるらしく。人生初職務質問受けました笑

午後4:13 · 2015年4月8日 · Twitter Web Client

ネガティブな意見にこそ積極的にリプライを
出典：https://twitter.com/MPD_yokushi/status/585702026807480322

効果的です。「落とし物を届けたとツイートしたら警視庁からコメントがあった」というのは意外な驚きとして記憶されます。これは、アクティブサポートに該当します。ＳＮＳでは、アクティブサポートが効果的であるといわれるゆえんです。

旅先でオレオレ詐欺の受け子と疑われた人には、謝意の次に職務質問を受けるのはなかなかできない経験だと伝えました。なかなかできないことを旅先で経験したのですから、ある意味幸運です。多少嫌な思いはしただろうと思いましたが、そこはあえて触れずにいい旅の思い出になったのではないかと引用ＲＴで伝えました。このツイートに対しては、「嫌みですか」といったようなリプライが

いくつかぶら下がりました。これは予想していた範囲内のもので特に気にしませんでした。警察の公式アカウントですから、何を言っても批判はされます。それをひとつひとつ受け止めていたのではメンタルが1日ももちません。尊大になれというわけではありません。公式アカウント担当者は、**自分のもとに毎日寄せられる些細な批判やいわゆるクソリプをスルーできる鈍感さが必要**です。

この例では職務質問という不愉快な経験を旅の思い出というポジティブな表現に置き換えました。これにより、元の発言者はとても喜んでくれました。つい最近もこの件を思い出話のようにツイートしていらっしゃいました。

このように、ある言葉を違う表現や意味に置き換えることをリフレーミングというそうです。カウンセリングやビジネスの場でも広く活用されている技法です。物事は、見る方向を変えれば違うように見えるものです。ネガティブな話でも見方次第では楽しいものに置き換えることができます。これは、ツイートを送った相手に与える印象を変えるだけでなく、中の人自身のメンタルを健全に保つことにも役立ちます。ぜひ実践してみてください。

共感こそすべて（白バイ乗務時代の原体験）

ツイッターをはじめとするSNSは共感のメディアだといわれています。これは、コトラーが提唱するマーケティング3・0と通じているように思います。

従来型のマーケティングは、いかにして企業の思う通りに消費者の行動を操るかを重視していました。しかし、マーケティング3・0では従来のマーケティングのやり方と逆のことが起こっています。企業のマーケティングが消費者の行動変化や態度変容によって大きく変えられるようになります。つまり、消費者がより協働的、文化的、精神的なマーケティング手法を求め、企業がそれに応じる消費者中心のマーケティングに変化しているということです。ここで重視されるのは、**「信頼」**や**「共感」**です。

ここで、相手への信頼が何によってもたらされるのかを考えてみます。従来、長きにわたって唱えられていた信頼のモデルは、相手への「能力認知」と「公正さ認知」に基づいていました。つまり、能力がある（専門性が高い）ことに加えて、「この人に任せても自分に対して悪いことはしないだろう」と思わせる公正さが信頼の源泉であるとされていたのです。

これに対して近年有力に主張されているのが「主要価値類似性モデル」（ＳＶＳモデル）というものです。これは、**人は相手の主要価値が自分のそれと類似していると認知するとき、その相手を信頼すると予測するもの**です。同じ目線で物事を考えていると感じられるときに相手を信頼する、と言い換えてもいいかもしれません。どんなに専門性が高く規律が正しく守られているとしても、向かおうとしている先が異なっていたのでは信頼されません。

私が所属していた警察を例にとってみると、唯一無二の組織ですから専門性は間違いなく高いです。そして、時折不祥事が報道されることはありますが、それでも比較的規律が保たれているといっていいでしょう。従来の説を適用すれば、警察は信頼を獲得できているはずです。しかし、実際に警察が信頼されているかどうかを客観的に観察すると、あまり信頼されていないのではないかといわざるを得ません。それは、警察が自分たちの都合で仕事をしているように見えているからです。国民が「こんな仕事をしてほしい」と思っていることに十分に応えきれていないからです。信用はされても信頼されていない状態ともいえます。

私が「信頼」について真剣に考えるようになったのは、ツイッターの中の人を担当するようになってからです。ですから、昔から信頼とはどういうことなのかと考えていたわけではありません。それでも、今になって思えば「ああ、あれはそういうことだったのか」という信頼に関する原体験がありました。

あれは、まだ私が巡査だった頃ですから、かれこれ35年以上前のことです。私は、憧れの白バイに乗ることができ、やる気に満ちあふれていました。自分はずっと白バイに乗り、交通警察を極めると決めていました。実際には、その後あちこちに飛ばされ交通警察とは縁遠くなってしまいました。白バイの後に経験した仕事を挙げると、パトカー乗務、機動隊、SP、警察署教養係（研修派遣や署の各種行事などをこなすなんでも屋）、生活経済係（ヤミ金、偽ブランド商品、ゴミの不法投棄、当時はサイバー事件まで）、サイバー犯罪捜査、東京都派遣、犯罪抑止といったところです。要は専門がない根無し草です。

白バイに乗ったばかりの血気盛んな青年警察官だった私は、12月のとある週末、深夜の飲酒運転検挙を目的とした検問に従事していました。その日は、交通課の課長代理（警部）が現場指揮をとる体制で検問を行いました。

年末は何かとお酒を飲む機会が増えるものです。その日も酒気を帯びて自動車を運転しているドライバーが何人もいらっしゃいました。私は1台のミニバンを停めました。車が完全に停止したのを確認して運転席側に回り込みます。ドライバーが運転席側の窓を開けると、車内から酒臭が漂ってきました。アルコール感知器で呼気を検査するまでもなく酒気を帯びていることがわかりました。私はドライバーを降車させ、検問車の中に案内して呼気検査を行いました。その結果、ドライバーは基準値以上のアルコールを保有していることがわかり、酒気帯び運転として検挙することになりました。

酒気帯び運転として検挙するにあたって、どういった状況で飲酒してきたのかを聞く必要があります。そのドライバーは、

「仕事の付き合いで……」

と申し訳なさそうに説明しました。

それに対して、検問車の中にいた課長代理が、

「仕事の付き合いだろうが何だろうが、お酒を飲んで運転したらダメなんですよ。事故を起こしたら取り返しのつかないことになるんですよ」

と責め立てるように言いました。

「そんなことは言われなくたってわかってますよ！」

ドライバーも反発します。車内が険悪な雰囲気になり、このまま切符を切っても署名してもらえないかもしれないと思いました。

「お仕事をしていると（お酒を）断り切れないこともありますよね」

その場を和ませようというつもりもなく、何の気なしに思ったことを言いました。その

瞬間、ドライバーの険しかった表情が急に穏やかになりました。

「いや、ほんとにそうなんですよ」

そう言ってドライバーは大きくうなずきます。

「自営業ですとなおさら断りにくいでしょう」

私が続けるとドライバーは首を何度も縦に振り、大きくため息をつきました。

「事情は十分わかりましたが、今回は切符を切らせていただきます」

私は、余計な説教を付け加えず、淡々と事件を処理して最後に署名と指印を求めました。ドライバーは迷う様子もなく切符に署名と指印を押してくれました。

「このお巡りさんはいい！」

指印を終えたドライバーが課長代理に向かって大きな声で言い残して検問車を降りていきました。突然のことで私も課長代理もきょとんとするしかありません。

このときの課長代理は、警察官として何も間違っていません。正しすぎるくらいに正しいことを言っています。警察学校で教官をやっていた人ですから、正しいことを貫くのは当然といえば当然だったのかもしれません。しかし、正しくても相手の事情に共感していなかったため、お互いに反発し合うことになってしまったのです。

これが原体験となり、相手が違反者や罪を犯した人であっても共感できるところはあるし、それに共感を示すことは決して悪いことではないと考えるようになりました。共感を示したからといって罪を許したり特別に扱ったりするようなこともありません。それでも、その後の事件捜査で被疑者の取調べを行うときにも同じように共感することで相手が心を開いてくれたことが多々ありました。理屈でねじ伏せることはできます。ですが、それで双方の関係がよくなるとは思えません。信頼関係を作り上げるのは、共感こそがすべてだと言い切れます。

サンタクロースに注意を与える

公式アカウントの担当をしていると、何をつぶやいていいのか悩むことがあります。特にネタがないときは天気の話題や記念日について話すことで間を持たせることが「割としばしば」あります。季節の行事もそのような部類のひとつです。マンネリ化した日常のツイッターに変化を与えてくれるありがたい存在です。そんな中の人の悩みを知ってかツイッタージャパンも「**ツイッターモーメントカレンダー**」を公開して、年間の予定を立てるように推奨しています。

ある年の12月、街はクリスマス一色といった雰囲気です。ツイッター内でもさまざまな公式アカウントがクリスマスにちなんだ企画を打ち出したり話題を提供したりしていました。海外では軍隊や警察のアカウントもクリスマスに浮かれた写真やツイートを上げて大いに盛り上がっています。警視庁でもあれくらいのことができるだろうと思いながらも二の足を踏んでいました。それまでの経験から、警察だからといって堅苦しいことしかやってはならないということはなく、かなり許容範囲が広いことがわかっていました。そうはいっても、やはりアカウントの性格上加減が難しく、一歩間違えると瞬時に炎上します。

この許容範囲ですが、一律に決められないところが難しいところです。同じことをツイートしたとしても、あるアカウントでは許されるのに別のアカウントでは炎上することもあり得ます。

その違いはどこからきているのかというと、**普段からツイッター内でユーザーとどれだけコミュニケーションを図っているか**によります。コミュニケーションを図ることによって、公式アカウントではあっても性格や考え方といった個性が付与されます。ユーザーは、公式アカウントから発せられた言葉をその個性を通して受け止めます。平素のコミュニケーションで「このアカウントはこういうことを言う」と認識されていれば、その範囲内での発言は許容されます。しかし、普段あまりユーザーとコミュニケーションをとっていないアカウントがいきなりゆるい方向に振った発言をすると「何言ってるんだ」と反発されることになります。

また、これは中の人が期待してはいけないことになりますが、ユーザーとの良好な関係が構築できていると、何かのきっかけで炎上しそうになった場合でも、普段から交流しているアカウントが火消しに回ってくれることがあります。ただ、そうなったら中の人としては失敗だという認識を持つ必要があります。結果としてフォロワーやファンに助けられただけであって、失言であったことには違いがないのですから、十分に反省して以降のツイートに活かすようにしなければなりません。

そんな考えもあり、あまり大胆なことはしないようにしました。とはいえ、何もしないのは（自分が）面白くありません。

クリスマスに浮かれるだけでは警察のアカウントとしては面白くありません。何か警察らしい内容でクリスマスを盛り上げたいと考えました。警察らしいことといえば法律にからめたことがあります。現実にあり得ることをテーマに法律の解釈をツイートすると、それが警察の公式見解と受け取られかねません。そうなると、後々禍根を残すことになり適当ではありません。法律をネタにするのであれば実在しないことを対象にして「これに法

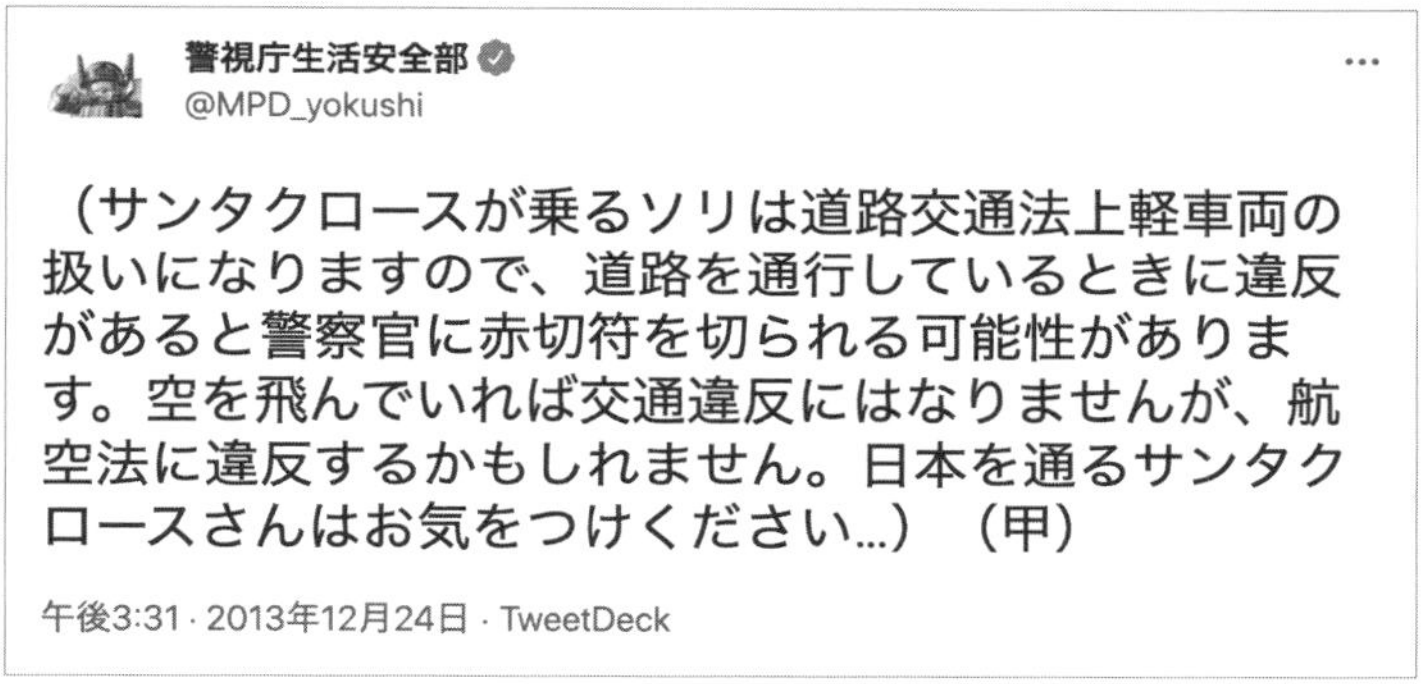
警視庁生活安全部
@MPD_yokushi

（サンタクロースが乗るソリは道路交通法上軽車両の扱いになりますので、道路を通行しているときに違反があると警察官に赤切符を切られる可能性があります。空を飛んでいれば交通違反にはなりませんが、航空法に違反するかもしれません。日本を通るサンタクロースさんはお気をつけください…）（甲）

午後3:31 · 2013年12月24日 · TweetDeck

サンタクロースが乗るソリを法律的な側面から考察したツイート
出典：https://twitter.com/MPD_yokushi/status/415369184478916608

律を当てはめてみるとこんなことになります」という物語を作るのがいいだろうと思いました。

クリスマスの非実在といえばサンタクロースです。サンタクロースだけでは法律的な話として面白みがありません。そこで、サンタクロースがプレゼントを配って歩く乗り物であるトナカイが引くソリを対象にして法律的に真面目に考察しました。

法律の適用としてはあまり面白くない結果となりました。他にも入国審査を受けていないという問題や住居侵入といった論点もありましたが、文字数の関係で特に関心を持ってもらえそうな論点2つに絞りました。このツイートが予想以上に伸びて、8千RTに及ぶこととなりました。

専門の知識を使った真面目で的外れな考察は、意外なほど面白がられることがあります。ただし、おふざけであっても考察に間違いがあってはいけません。きちんと基本書や判例、実務資料などにあたって、間違いのない考察を展開する必要があります。

ツイッターは耕運機

ツイッターアカウントの運用請負を企業に提案すると必ずといっていいほど聞かれることがあります。それは、

「ツイッターの運用で売上げを増やせるのか」

ということです。この問いに対して、私はいつもこう答えています。

「ツイッターをうまく運用したからといって、すぐに売上げが増えるようなことはありませんし、私どもにもそれはお約束できません」

そうすると、相手の方はがっかりしたような顔をされます。それもそのはずです。企業活動はすべからく売上増から利益増につなげたいという目的に貫かれているからです。

ですが、ここはひとつ見方を変えてみましょう。人が食料を調達する方法には2通りあります。まず、動物を捕獲する、野に生えている植物や果実などをとる「狩り」があります。

そして、2つ目は農耕による「栽培」です。経営者やマーケティングの方は、どちらかというとすぐに結果が現れる「狩り」がお好きなようです。確かに狩りはすぐに結果が出ます。しかし、狩りでは市場規模が拡大しません。狩れる対象を刈り尽くしたら市場は縮小する運命にあります。これに対して「栽培」は市場を育てていくことです。収穫できるようになるまでには長い時間と手間が掛かります。栽培をする過程にはさまざまな作業があります。農家であれば、それをすべて自分たちで実践していきますが、企業は担当が細分化されています。収穫を担当する部門は数字も上がりますし目立ちますから、いかにも仕事をしているように見えます。それに対してそこに至る過程を担当している部署は目立つことがないばかりか、売上げに貢献していないと言われコスト扱いされることも少なくありません。

ユーザーとコミュニケーションを図るツイッターの担当者、つまり中の人は、まさにこのコストにあたります。中の人が栽培という一連の工程の中で担っているのは「**開墾または土壌の改善**」だといえます。田畑に適していない荒れ地に種をまいても十分な収穫は得られません。こちらの話を聞いてくれる環境ができていないところに、いくら声を掛けても単なる独り言で終わってしまいます。マーケティング云々は、市場がこちらの話を聞いてくれる環境を作り上げてからのことです。

ですが、それは一朝一夕にできるものではありません。固く閉ざされた大地に鍬を振るい、少しずつ少しずつ土をほぐしていく気の遠くなるような作業が続きます。荒れた硬い土地を耕して、そこにまいた種が芽を出し実を結ぶことができるような環境を整えるのが中の人の仕事です。

土地を耕す仕事は収穫のずっと前に行われるため、あたかも収穫に貢献していないコストであるように思われます。ここをコストと考えるか、より品質のよい収穫物を得るために必要な過程と考えるかは、経営者の哲学だといえるでしょう。

私はソーシャルメディアの駐在さん

我が国には、交番・駐在所という世界に誇る警察施設（制度）が存在します。ここで、交番制度の歴史を簡単に俯瞰してみましょう。

東京警視庁が設置された１８７４年（明治7年）、巡査を東京の各交番所に配置しました。ここでいう「交番所」ですが、当初は、巡査が活動する場所として指定がなされているだけで、現在でいう交番のような施設は置かれていませんでした。巡査は、交代で屯所から交番所まで行き、そこで立ち番などの活動を行っていました。これが交番・駐在所の起源です。

その後、交番が「派出所」と改称され全国に設置されるようになったのは1888年(明治21年)のことです。それと同時に、「駐在所」も設置されています。「派出所」の施設を拠点に交代制勤務を行う警察官と、「駐在所」の施設に居住しながら勤務する警察官が、地域社会の安全の確保にあたるという、交番・駐在所を中核とする現在の地域警察の原型がここに生まれたのです。

それから100年以上の月日を経て、全国に交番は約6500カ所、駐在所は約8千カ所設置されています。この数は、全国の市町村数の約5倍であり、まさに全国津々浦々に交番・駐在所が設置され、地域住民の生活に密着した警察活動の拠点となっているのです。

警察は、交番・駐在所という施設を通して、SNSはおろかインターネットすらなかった明治時代から地域コミュニティに入り、住民とのコミュニケーションを図ってきています。そして、その制度や精神は、マスメディアの発達による個人の力が相対的に弱くなっていた時代においても連綿と受け継がれてきました。

交番・駐在所では、日々住民と直接接しています。そこでは、事件や事故、相談ごとなどさまざまな事象が舞い込み、いずれもその対応に即断即決が求められています。すべての事象で第一線警察官に独自の判断を行う権限が与えられているわけではありませんが、相当数の事象は現場の警察官の判断に委ねられているといえます。

ＳＮＳにおけるコミュニケーションは、ソーシャルメディアという技術を用いている点を除けば、人々が古くから行ってきた対面による個人対個人のそれに他なりません。コミュニケーションの側面から見たとき、ＳＮＳの性質と交番・駐在所という制度は、極めて類似しています。また、警察には市民との直接的なコミュニケーションに関する長い伝統に培われたノウハウとマインドがあります。

警察のツイッター利用については、ツイッターが広まりつつある公的な分野として期待されるものだと考えられます。まだ初期段階ではありますが、急速に広まりつつあるように思います。間もなく、市民と公共の安全を守る警察とが相互理解をするために、ツイッターで対話を始めることになるでしょう。

市民と直接接する機会が非常に多い警察がツイッターを利用することは、ごく自然な

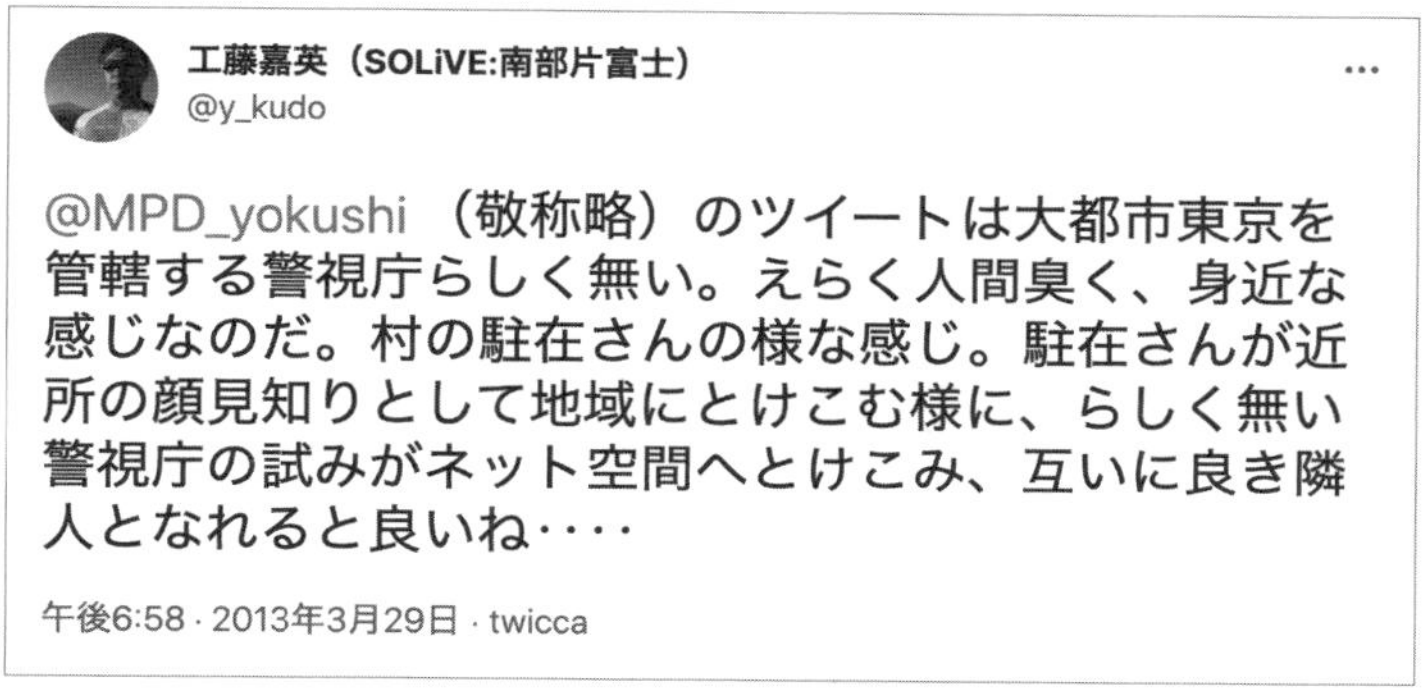
工藤嘉英（SOLiVE:南部片富士）
@y_kudo

@MPD_yokushi （敬称略）のツイートは大都市東京を管轄する警視庁らしく無い。えらく人間臭く、身近な感じなのだ。村の駐在さんの様な感じ。駐在さんが近所の顔見知りとして地域にとけこむ様に、らしく無い警視庁の試みがネット空間へとけこみ、互いに良き隣人となれると良いね‥‥

午後6:58 · 2013年3月29日 · twicca

警察がツイッターを活用することの意義を端的に表したツイート
出典：https://twitter.com/y_kudo/status/317576601699233792

流れであり、必然であったとすらいえます。これは、平成25年警視庁重点目標の基本方針の一節である「住民の思いを知り息吹を感じ」の行からも読み取ることができます。

　このことを犯罪抑止対策本部のアカウント宛にリプライで端的に指摘したユーザーがいました。

「(犯抑）のツイートは大都市東京を管轄する警視庁らしく無い。えらく人間臭く、身近な感じなのだ。村の駐在所さんの様な感じ。駐在さんが近所の顔見知りとして地域にとけこむ様に、らしく無い警視庁の試みがネット空間へととけこみ、互いに良き隣人となれると良いね・・・・」

　このツイートは、これまで長々と述べてきたことをわずか120字あまりで言い尽くしています。ツイッターは利用できる文字数に制限があります。だからこそ、ツイッターでは、非常に簡潔で単刀直入

警視庁生活安全部
@MPD_yokushi

（ガルパンはいいぞ…）【甲】

午後8:39 · 2016年9月9日 · TweetDeck

駐在さんであればこんなツイートも許される
出典：https://twitter.com/MPD_yokushi/status/774210586519363584

な言葉が用いられます。虚飾を排した率直な表現により、市民と公共機関が共通の言葉で交流できるようになるのです。

SNSの中で活動する警察官は、警察という組織を代弁する広報担当者ではありません。**交番や駐在所の「お巡りさん」そのものです。**企業に言い換えれば実店舗で接客に従事する職員です。お巡りさんは、市民との会話にその都度上司の決裁を仰ぎません。SNSでも同じように考えることが必要です。

警察は、明治以来続く交番・駐在所という制度のマインドを持っています。SNSという空間の中においても、そのマインドを活かし市民と良好なコミュニケーションを図るのに最も適した組織です。

SNSのパーソナルな側面から考えると、交代制勤務により勤務員が入れ替わる交番というより、一人の警察官が日夜そこに寝泊まりしながら地域とコミュニケーションを図っている駐在所に近い機能を有しているといえます。駐在所の管轄内を自転車で回りながら、住民と会えば挨拶を交わし、雑談に花を咲かせる駐在さん。
私が目指したものです。
駐在さんであれば、右のようなツイートも笑って受け入れてもらえます。

ゆるさは補集合とともに

ツイッターで公式アカウントが公式情報以外の個人的な発言をすることに何か意味はあるのかとよく聞かれます。ツイッターでの活動がマーケティングの一環だと考えれば販促につながることが利用目的だといえます。

販促で最も一般的な形態だと考えられるのが店頭での販売です。店頭にお客さんが来たとき、皆さんは挨拶もせず無機質に商品や商材を売り込む口上を一方的にしゃべりますか。それとも挨拶や雑談を交えて和やかな雰囲気を作る工夫を凝らしますか。多くの方は後者、つまり挨拶や雑談がある接客を選ぶと思います。そして、それは妥当な回答です。

公式アカウントで個人的な発言をすること、いわゆる「ゆるい」発言の必要性の意味はここにあります。店頭でお客様と親しく言葉を交わし、店をそして自分を好きになってもらい愛着を形成させることに疑問をはさむ余地はないでしょう。つまり、ツイッターもバーチャルなサイバー空間でのコミュニケーションであるという点を除けば、**リアルな店頭での接客と大きく異なるところはありません**。

一方、店頭でお客様に声を掛けたところ、そのお客様が店員を避けるようにすーっとその場を離れ、場合によっては店外に出てしまったことはありませんか。実は、私もそのタイプの客です。店頭で声を掛けられるのが苦手で、できれば放っておいてほしいと思っています。

つまり、店頭で挨拶や雑談を交わし親しみやすさを感じてもらおうとするのは、ほとんどの場合において妥当な接客です。しかし、中にはそれが逆効果になる客もいるのです。

このことをツイッターでのコミュニケーションに転じてみましょう。

言葉には対象があります。文章そのものが説明しようとしている対象や名宛人がそれです。また、現実の世界で対面の会話を行う場合は、目の前にいる人に向けて言葉を発することになります。

ところが、ツイッターでの発言には、もうひとつの対象が加わります。そして、それが炎上を引き起こすきっかけ、あるいは揚げ足取りや難癖にすぎない、いわゆる「クソリプ」

> **警視庁生活安全部**
> @MPD_yokushi
>
> 以上をもちまして本日の情報発信業務を終了いたします。今週もありがとうございました。連休の方もそうでない方も、よい週末をお過ごしください。
>
> 午後5:59 · 2013年5月2日 · 警視庁から各局

補集合の例
出典：https://twitter.com/MPD_yokushi/status/329882788985716737

を招く原因にもなっています。それは、発言者が説明したい、あるいは話しかけたいと意識していた対象に含まれない人にも発言が届くということです。つまり、**発言を届けたい集合に含まれない集合である「補集合」にも届いているのだということをしっかりと意識しておく必要があります。**

1つ例を示しましょう。上の投稿を見てください。この投稿をした私は翌日から連休だったのでしょう。しかし、世の中には連休中であっても働いている人はたくさんいます。つまり、連休中に働いている人たちは自分に対する補集合にあたります。

上の例では「連休の方もそうでない方も」とあからさまに補集合を明示しています。このように、補集合は、必ずしも明示する必要はなく、投稿の文章を作成するときに「このツイートは、補集合にはどう受け止められるだろうか」という想像力を働かせるだけでも十分です。それを考慮に入れたツイートを作成すればよいのです。

これは、不特定多数と言い換えることもできます。ですが、不特定多数は意図している対象も含んでしまいますから、補集合として考えるほうが実際のイメージに近くなると思っています。

ただ、補集合を意識しすぎると当たり障りがなく面白みが感じられない文章になってしまいます。その典型がお役所言葉やプレスリリース文です。あらゆる突っ込みの可能性を排除して、どこからも批判されない、または揚げ足をとられないよう練りに練り上げます。こうなるとコミュニケーションの拒絶で、共感やエンゲージメントの獲得とはほど遠い世界になってしまいます。

補集合を意識しながらも無機質で無味乾燥な投稿にならず、人間らしさを感じさせるのは簡単ではありません。そこが中の人としてのセンスであり言葉を操るスキルでもあるのです。

第5章のまとめ

- ☑ 公式アカウントは中の人のメディア（だけど私物化は禁物）
- ☑ リフレーミングの技術は中の人の必修科目
- ☑ 共感がなければ話を聞いてもらえない
- ☑ 専門的な考察でボケるときもしっかりと調べてから
- ☑ ツイッターは店頭での接客と同じ

おわりに

２０２０年９月、私は約38年間勤めた警視庁を退職しました。

犯罪抑止対策本部からの異動によりツイッターの担当から外れたことで、私の中の仕事に向ける情熱が急激に冷めていくのを感じました。個人アカウントでモチベーションの低下を漏らしたことが何度かあります。その度に「もっと警察を変えて」と励まされ、何度か仕事に向き直ってきました。

と、ここまで書くと、退職の理由がモチベーションの低下にあると思うでしょう。実は違います。本当の退職理由は、夜勤が眠いからです。管理職にならずに警察署に異動することとなったわけですが、警察署では課長代理という地位です。課長代理は、署の規模にもよりますが、１週間から10日に１回くらい夜勤が回ってきます。管理職である課長は、月に1回が相場です。夜勤は、本署当番責任者として警察署業務全般の責任を負います。つまり、管内治安すべてに責任を持たされることになります。なかなかのプレッシャーがあり、一晩勤務すると翌日はおろか、数日間は疲れが抜けません。そして、ようやく疲れがとれてきた頃には次の夜勤が回ってくるサイクルで、常に疲れている状態に置かれます。

そこへきて公務員の定年延長の流れです。65歳までこの仕事を続けていたら確実に早死にします。家族のためにもまだ死ねません。38年間も都民に奉仕してきましたから、これで辞めても許されるだろうと思い辞職を願い出た次第です。

退職後は、自分のモチベーションが低下した原因にもなった「中の人の正当な評価」を実現したいと思い、ツイッターアカウントの運用を請け負う会社を立ち上げました。この会社は、中の人に正当な待遇を提供したい目的で設立しました。私の儲けは一切考えていません。採用するのは、企業などの中の人として高い実績を挙げ、なおかつ炎上を回避してきた人だけです。

実績にこだわるのには理由があります。実績があり炎上を回避してきた人が運用に携わることで、企業側のリスク軽減につながります。まず、適任者を探す手間が省けます。適任者かどうかを見極めるのは実際のところ不可能に近いため、社内で中の人を探すのはある意味博打になります。実績ある元中の人に運用を託していただければ博打を回避することもできます。そして、中の人には、ツイッターアカウント運用を職能であると認めて正当な評価(収入)につなげることが可能になります。

中の人としての適性を見極めるのはなぜ難しいのでしょうか。それは、現実社会での社交性とツイッター内でのテキストのみによるコミュニケーション能力が必ずしも一致していないからです。実社会ではとても社交的で誰とでも打ち解けることができる人を中の人に据えても、うまくいくとは限りません。普段は無口で、いわゆる「陰キャ」と見られている人が、実はツイッター内では非常に雄弁でうまく渡り歩けていたりします。それほどに中の人の適性を見極めるのは難しいのです。

たった１４０字という短い投稿しかできないツイッターは、短歌や俳句といった制限された文字数によって森羅万象を表現する文化に慣れ親しんだ私たち日本人にとてもよく馴染むツールです。しかし、短い文で端的な表現が求められるが故に、すべてを言い尽くすことができないという難しさもあります。その難しさを楽しめるようなツイ廃の沼で皆さんをお待ちしています。

最後に、この本を出版するにあたり、翔泳社の長谷川和俊氏には原稿の書き方から教わり、細かい表現にまで手を入れていただき感謝しています。そして、何よりも執筆を陰に日なたに支えてくれた妻、家族、会社の仲間、フォロワーの皆さんに心からお礼申し上げます。

2021年7月　中村 健児

【著者プロフィール】

中村　健児（なかむら・けんじ）

合同会社フォルクローレ代表。

株式会社ゼクト　サイバー解析対策チーム隊長兼経営企画室長。

一般社団法人日本イベント協会　イベント総合研究所上級研究員。

1964年、東京都生まれ。

高校卒業と同時に警視庁に入庁。交番勤務から始まり白バイに乗務する傍ら通信制で中央大学法学部を卒業、27歳の最年少で警部補に昇任。

警部補昇任後は、機動隊や警護課（いわゆるSP）で警備警察に携わり、その後、警察署でヤミ金や知的財産権侵害事犯の取締りに従事する。その過程で全国で初めてヤフーオークション詐欺事件の犯人を検挙したほか、多数の不正アクセス事件の捜査を担当する。

その実績が認められ、ハイテク犯罪対策総合センター（現サイバー犯罪対策課）に異動となり、サイバー犯罪捜査と各警察署への捜査指導にあたる。同所属で警部に昇任。

警部昇任後は、東京都に派遣となり主に児童虐待防止の広報啓発活動を担当して、秋葉原に全国からローカルヒーローを招聘した大規模なイベントを企画・実施した。このイベントを契機として前記イベント総合研究所が発行する論文集にイベントおよびコミュニケーションに関する学術論文を寄稿。

東京都から警視庁に帰任後、犯罪抑止対策本部で警視庁初のツイッター公式アカウントを開設し、初代中の人を務める。役所にありがちな堅い広報スタイルを打破する、いわゆる「ゆるい」運用により人気を博し、新聞、テレビ、雑誌、ウェブメディアなど多数の取材を受ける。同本部から異動する直前には約15万のフォロワーを擁するに至った。また、本来業務を行いながら独学でＧＩＳを用いた数理的な地理的プロファイリング手法を開発。東大で開催された学会において筆頭で警察庁科学警察研究所との連名による研究発表を行う。

２０２０年、警視庁を退職。同年、ツイッター公式アカウントの運用請負を行う合同会社フォルクローレを設立、同社代表に就任。

現在は、「くりむしようかん」のサークル名で小説の執筆とイラスト制作の同人活動を行い、夏冬のコミックマーケットに参加している。

合同会社フォルクローレウェブサイト

https://www.folclore.jp/

カバー・本文デザイン　三森健太（JUNGLE）
カバーイラスト　武田侑大
DTP　BUCH⁺

中の人は駐在さん
ツイッター警部が明かすプロモーション術

2021年7月19日　初版第1刷発行

著者　中村《なかむら》 健児《けんじ》
発行人　佐々木 幹夫
発行所　株式会社 翔泳社（https://www.shoeisha.co.jp）
印刷・製本　大日本印刷 株式会社

ISBN978-4-7981-7065-7　Printed in Japan